Mawda v. Medusa

Donner un visage à la criminalisation des migrants en Europe

Collection « L'Atelier du chercheur »
dirigée par Manuel Cervera-Marzal

www.editionsbdl.com
33300 Bordeaux

ISBN : 978-2-38519-022-4

Sophie Klimis

Mawda *v.* Medusa

Donner un visage à la criminalisation des migrants en Europe

Le Bord de l'eau

« Persée se couvrait d'un nuage pour poursuivre les monstres; nous, pour pouvoir nier l'existence des monstruosités, nous nous plongeons dans le nuage tout entiers, jusqu'aux yeux et aux oreilles. »

Karl Marx, *Le Capital*

« L'État-nation ne peut plus exister une fois que son principe d'égalité devant la loi s'est effondré. Sans cette égalité juridique, qui était originellement destinée à remplacer les lois plus anciennes et les principes de la société féodale, la nation se dissout en une masse anarchique d'individus sur- et sous-privilégiés. Des lois qui ne sont pas égales pour tous reviennent à des droits et à des privilèges, ce qui est en contradiction avec la nature même des États-nations. La preuve de leur incapacité à traiter les apatrides en personnes légales est d'autant plus claire qu'est plus puissante l'extension d'un gouvernement arbitraire, exercé par les décrets de police; plus il est alors difficile aux États de résister à la tentation de priver tous les citoyens de statut juridique et de les gouverner au moyen d'une police omnipotente. »

Hannah Arendt, *L'impérialisme*

« Nous attendons, pour tous les hommes, la plénitude de justice et de vérité et nous sommes en marche, nous devons être en marche, en attente active de la vérité et de la justice, dans leur manifestation pleine.

Il y a certainement une priorité à accorder aux tout petits enfants et aux personnes âgées. Une priorité à notre respect et à notre affection. On peut dire que l'attitude qu'on a envers eux est un signe de culture et de civilisation. Là où ce respect est perdu commence la barbarie. »

Père Ilya Mélia

Pour l'âme de la petite Mawda, qu'on espère en joie éternelle,

Pour la pugnacité de Maître Selma Benkhelifa dans sa quête de Justice,

Pour les graines d'espoir semées par tous les individus qui, ensemble, ont créé l'élan-Mawda,

Pour la force de vie de Nene Oumou, petite maman reliée à la Grande-Mère,

À la mémoire d'Alla Melnikova, d'Olympia Képhalianos, d'Ilya Mélia et d'Élias Klimis, ces migrants que furent mes bien-aimés grands-parents.

Avertissement

J'ai commencé à écrire ce livre en juillet 2019.

Quatre ans après ce qui avait été qualifié de « crise migratoire » suite à « l'afflux » de personnes réfugiées causé par l'entrée officielle de la Russie dans la guerre en Syrie, le 30 septembre 2015.

Trois ans avant le début de la guerre en Ukraine, envahie par les troupes russes le 24 février 2022.

Face à ces catastrophes humaines, il m'a semblé important de prendre le temps de déplier tous les tenants et aboutissants d'une étude de cas, pour tenter de continuer à penser le présent et à exercer « notre faculté à être sollicités par une expérience[1] » dans un monde de plus en plus désorienté.

Ainsi, comment comprendre l'élan de solidarité unanime des Européennes et des Européens envers les réfugiés et les réfugiées[2] de guerre d'Ukraine, matérialisé dès le 4 mars 2022 dans l'activation par tous les pays de l'UE de la directive relative à la

1 Arendt Hannah, *Le Totalitarisme*, Paris, Quarto Gallimard, [1951], 2002, p. 615.

2 Après l'avoir pratiqué dans de précédents ouvrages, j'ai décidé de ne plus utiliser le point médian, que je trouve indigeste à la lecture, et, au bout du compte, plus cosmétique que réellement efficace pour lutter contre les discriminations et les inégalités de genre. Qui plus est, un point, par définition, sert à séparer. Le point médian est donc en contradiction logique avec l'objectif même de l'écriture inclusive.

protection temporaire, alors que l'Europe s'était muée en forteresse pour rejeter les populations qui fuyaient la guerre en Syrie quelques années auparavant ?

Pourquoi appeler ceux-ci des « réfugiés » en leur reconnaissant par ce seul nom le droit d'asile, alors qu'on avait qualifié ceux-là de « migrants » sans qualités, les déshumanisant même en « flux migratoires » ?

Les situations vécues et le statut juridique de toutes ces personnes sont pourtant rigoureusement identiques : quand on fuit la guerre, on acquiert automatiquement le statut de réfugié et l'on est protégé par la Convention internationale de Genève de 1951.

Aime-t-on les chiffres ? En voici qui parlent d'eux-mêmes :

En 2015, le nombre total de demandes d'asile qui furent adressées à l'UE par des Syriens fut de 363 000[1].

Selon un rapport d'Amnesty International daté de septembre 2015, l'Allemagne, de loin la nation la plus généreuse, s'était engagée à offrir… 35 000 places d'accueil[2].

Les autres pays européens, tous ensemble, avaient offert 8 700 places d'accueil, soit l'équivalent de 0,2 % des réfugiés syriens se trouvant dans les principaux pays hôtes. À titre comparatif, le Liban avait à lui seul accueilli 1,2 million de Syriens[3].

La Pologne, la Hongrie, la République tchèque et la Slovaquie refusèrent catégoriquement la politique européenne des quotas. En clair : ils refusèrent l'accès à leur territoire aux réfugiés de guerre syriens. Par contraste, dès le

---

1 Eurostat, « Statistiques sur l'asile », 2016, <https://ec.europa.eu/eurostat/statistics-explained/index.php?title=Archive:Statistiques_sur_l'asile&oldid=320318>, consulté le 4 mars 2022.

2 Amnesty International, 2015, <https://www.amnesty.org/fr/latest/news/2015/09/syrias-refugee-crisis-in-numbers>, consulté le 4 mars 2022.

3 *Ibid.* Un rapport de l'UNHCR daté de 2021 estime à 6,6 millions le nombre de réfugiés syriens dans le monde, dont 5,6 millions accueillis dans les pays voisins : <https://www.unhcr.org/fr/urgence-en-syrie.html>, consulté le 4 mars 2022.

début de la guerre en Ukraine, la Pologne a largement ouvert ses portes aux réfugiés de ce pays voisin. En mars 2022, elle comptait déjà deux millions et demi de réfugiés ukrainiens sur son territoire.

Est-ce à dire que l'application du droit international serait à géométrie variable, tout comme les émotions des Européens, fluctuant entre la peur, voire la haine à l'égard des uns et l'empathie solidaire à l'égard des autres[1] ?

Le scandale des étudiants d'origines africaines fuyant la guerre en Ukraine et confrontés au racisme et à la discrimination de la part des autorités européennes l'a manifesté avec force.

Dans cette recherche, je m'intéresserai à un cas de figure encore plus problématique : celui du sort réservé aux personnes entrées illégalement dans un pays de l'Union européenne.

Fuyant la misère, les catastrophes écologiques, la corruption, les vendettas d'honneur, leurs situations de vie ne correspondent pas aux réquisits de la Convention de Genève.

Dès lors, tous ces gens sont implacablement refoulés par nos gouvernements, et même pire : ils sont criminalisés.

Il faut insister avec force sur ce point : si le traitement réservé aux migrants par un Viktor Orban au début de la « crise migratoire » avait été dénoncé en chœur, ce sont *nos* gouvernants se revendiquant de la démocratie et *nos* partis dits « républicains » qui sont aujourd'hui devenus complices de telles politiques extrémistes et répressives, en adoptant des lois indignes ou en ne revenant pas sur celles qui avaient été adoptées par leurs prédécesseurs.

---

1 Il est à noter qu'un an après le début du conflit en Ukraine et sur fond de crise sociale, l'empathie de bon nombre de nos concitoyens envers les réfugiés ukrainiens s'est elle aussi essoufflée. Une forme de grogne contre un accueil jugé « privilégié » se fait de plus en plus souvent entendre…

J'ai passé plus de quatre ans à travailler sur l'un de ces innombrables cas de migrants traqués comme s'ils étaient des malfrats au lieu d'être accueillis.

J'espère de tout cœur que de telles histoires appartiendront bientôt à un passé révolu.

Je sais cependant qu'il n'en sera rien sans une mobilisation active d'une majorité de citoyens et de citoyennes d'Europe, ce qui est loin d'être acquis, d'autant plus qu'on ne se mobilise en général que pour ce qui nous touche de près.

La mesure d'une telle « proximité » est déjà en soi intéressante.

Des amis français, intéressés par le sujet de ce livre, m'ont ainsi dit qu'ils craignaient que le cas présenté ne parle pas à un public français, parce qu'il a eu lieu en Belgique.

J'ose donc ici espérer qu'ils se sont trompés et que les lecteurs et les lectrices du pays où Montesquieu a pratiqué le dépaysement critique avec ses *Lettres persanes* pourront sans peine se sentir concernés par ce qui est arrivé près de chez eux. En poursuivant sur cette lancée, j'adresse un avertissement à celles et ceux qui se permettraient un mouvement d'épaule pharisaïque à propos de l'état des personnes migrantes en Belgique, ou qui se berceraient de l'illusion optimiste que les choses sont loin d'aller aussi mal dans leur propre pays. À toutes et à tous, je serais obligée de crier : « *De te fabula narratur* [1]! »

On m'a aussi rétorqué que l'affaire ici étudiée était trop ancienne : elle a eu lieu en 2018, pensez donc! Autant dire la préhistoire!

1 Toute ressemblance avec l'avertissement adressé par Karl Marx au lecteur allemand de son temps au sujet de l'état des ouvriers anglais, industriels et agricoles, est bien évidemment délibérée. Voir Marx Karl, *Le Capital*, livre I, Sections I à IV, Paris, Flammarion, [1867], 1985, p. 50.

Je le dis donc d'emblée : ce livre ne concernera pas celles et ceux qui traitent les événements humains comme des biens de consommation, périmés aussitôt qu'advenus.

Plus que jamais, il est important de ne pas nous laisser piéger par la tyrannie de l'ultra-actuel qui nous fait tout oublier, même le proche passé.

C'est pourquoi je m'adresse ici à toutes et à tous les artistes, quel que soit leur métier, au sens où « être artiste, c'est être élève de la vie (*to be an artist is to be a student of life*)[1] ». Car pour se mobiliser, c'est-à-dire, pour *se mettre en mouvement politiquement*, il faut être artiste : prendre part à l'action collective nécessite pour chacun, pour chacune, d'*inventer* la manière dont cette action deviendra *sienne* et par là, *commune*.

Le récit qui suit n'a pas d'autre prétention que de donner témoignage d'un tel processus artiste d'entrée en action, qui puisse servir de catalyseur pour d'autres.

Il montre comment une conjonction fortuite et hasardeuse d'événements de vie peut être transformée en occasion propice, ce que les anciens Grecs appelaient un *kairos*, si nous nous sentons convoqués par lui, appelés à agir *maintenant* depuis les profondeurs de notre passé individuel.

1 Anna Halprin, chorégraphe américaine (1920-2021).

Prologue

> « Le réel est toujours ce qu'on n'attendait pas et qui, sitôt paru, est depuis toujours déjà là. »
>
> Henri Maldiney

Le 30 avril 2019, vers 12 h 30

Je viens de sortir du bâtiment de la Radio Télévision Belge Francophone (RTBF) où j'ai livré en direct « L'Opinion du Jour » dans l'émission radio de midi intitulée *Débats Première*. C'est un exercice d'une dizaine de minutes, auquel je me livre environ tous les deux mois depuis le début de l'année académique : présenter un certain regard sur l'actualité, en dialogue avec le journaliste Bertrand Henne.

Je monte dans le tram 25 à l'arrêt « Diamant » pour retourner à l'université. Je suis contente : j'ai trouvé une place assise alors que le tram est bondé. Je n'y fais pas vraiment attention, au début, mais je réalise tout d'un coup qu'il y a autour de moi beaucoup de femmes d'origine africaine, voilées, avec des poussettes. Je me dis machinalement qu'on doit être mercredi, la sortie des écoles… Mais non, on est mardi et ces bébés ne sont pas encore en âge d'être scolarisés. Et puis, c'est étrange, elles sont toutes silencieuses.

Je remarque le mouvement d'une de ces jeunes femmes, qui a bougé en invitant d'un geste une personne âgée qui vient d'entrer dans le tram à s'asseoir. Je pense à tout ce que j'avais prévu de dire sur antenne et que je n'ai pas eu le temps de développer… *Ça monte et ça descend…* Je récapitule mentalement tout ce que je vais devoir faire une fois de retour dans mon bureau… *C'est comme une branche qui ploie et qui fait irruption par intermittence dans mon champ de vision…*

Il me faut quelques secondes pour réaliser : c'est la jeune femme que j'avais remarquée tout à l'heure. Accrochée d'une main à une poignée en hauteur du tram, une sorte de déflagration électrique lui traverse le corps dès qu'elle tente de redresser le tronc, la laissant pliée en deux. Elle serre les dents, mais son visage est contracté de douleur et de grosses larmes coulent sur ses joues. *C'est un cri muet de tout son corps lancé dans l'espace du tram, qui m'atteint par hasard.*

Je me lève précipitamment et je vais vers elle pour lui offrir ma place. Je lui prends la main pour l'aider. Elle me remercie d'un pauvre sourire, mais dès qu'elle fait mine de s'asseoir, c'est la catastrophe : elle crie pour de bon cette fois. Une autre jeune fille que je n'avais pas remarquée lui dit quelque chose dans une langue que je ne parviens pas à identifier. Nous l'aidons toutes les deux à se relever et à se remettre dans cette étrange position, ni tout à fait debout ni tout à fait assise, ployée en deux vers l'avant, qui semble être la moins insupportable pour elle. Son amie lui donne une bouteille d'eau et la jeune fille prend fébrilement un cachet. Elle m'explique qu'elle vient d'acheter des antidouleurs à la pharmacie. Si elle a si mal, c'est parce qu'elle vient de recevoir une poubelle dans le dos. *Quelqu'un lui a jeté une poubelle dans le dos !?*

On commence à parler et la situation s'éclaircit peu à peu : tout comme les autres femmes du tram, qui sont « de leur communauté », elles reviennent d'une manifestation de protestation contre une école de Schaerbeek, une commune de Bruxelles, d'où une petite fille de quatre ans est revenue la veille avec du sang dans la culotte. On suspecte un abus sexuel. La « communauté est surchauffée » m'expliquent-elles, « alors ça a dégénéré », des gens ont jeté toutes sortes de choses contre les murs de l'école, dont des poubelles. L'amie sort à l'arrêt suivant.

Je dis à la jeune fille qu'elle ne peut pas rester dans cet état : on approche de la station « Rogier » où je dois descendre et près de laquelle il y a un hôpital. Est-ce qu'elle voudrait que je l'y accompagne? Elle opine de la tête mais dès que nous sortons, chaque pas lui cause une souffrance terrible. Une autre femme « de la communauté », plus âgée, est sortie en silence avec nous en laissant la garde de sa poussette à une autre. Même en la soutenant à deux, nous n'arriverons jamais à faire à pied les 300 mètres qui nous séparent de l'hôpital...

Le conducteur du tram, qui a fini son service, remarque la scène. Compatissant, il nous propose d'appeler les urgences et d'attendre dans la salle réservée au personnel de la STIB[1]. Là, tous les chauffeurs nous regardent entrer, un peu éberlués. La plupart continuent à manger leurs sandwichs, mais il y en a deux qui viennent vers nous. On leur explique la situation. Ils contactent les gardes de la sécurité pour qu'ils prennent en charge l'appel et la réception de l'ambulance. Mais la première chose que font les vigiles à leur arrivée, c'est de demander les cartes d'identité. *Le contrôle d'identité en guise de première « réponse » officielle à la souffrance d'autrui... Une forme de violence d'autant plus terrible qu'elle demeure invisible à la plupart des personnes présentes. Je pense pour la première fois : « Peut-être qu'elle est "sans-papiers"? » Je décide de rester.*

La jeune fille a de plus en plus mal. Elle commence à s'énerver : pourquoi l'ambulance n'est-elle pas encore là? Pourquoi la prise en charge de sa douleur n'est-elle pas la priorité? Je dis

1 Acronyme de « Société des Transports Intercommunaux de Bruxelles ».

aux vigiles que je suis professeur à l'université, là, juste à côté, afin de calmer leur suspicion. La jeune fille, entre-temps, a demandé à sa compatriote de sortir sa carte d'identité de son sac, car elle n'y arrive pas toute seule.

Après plus d'une demi-heure, les ambulanciers arrivent enfin. Après les chauffeurs, après les vigiles, il faut réexpliquer pour la troisième fois « ce qui s'est passé pour en arriver là ». Ils essaient d'asseoir la jeune fille. *Impossible!* Ils essaient de la coucher. *Impossible!* Ils sont bien embêtés, alors ils restent là, les bras ballants, sans rien faire : « On va pas pouvoir la mettre sur un brancard! » La jeune fille a mal à en devenir folle, elle crie : « Mais faites quelque chose! Donnez-moi quelque chose! » Un ambulancier : « Ah ben non! on n'a pas le droit de donner des médicaments! Il faut attendre le médecin! »

Je caresse doucement le bras de la jeune fille, comme je l'aurais fait à un petit enfant pour le rassurer. *Ce geste, je l'avais déjà eu pour l'une de mes étudiantes – elles doivent avoir le même âge – dans une situation analogue, quelques semaines plus tôt. Pour sortir plus vite à la fin d'un cours, l'étudiante avait escaladé une rangée de sièges rabattables de l'amphi et elle s'était comme empalée sur une partie métallique. Du sang coulait à flots de son entrejambe. Les secouristes de l'université l'avaient allongée par terre et m'avaient dit de lui tenir les jambes en l'air en attendant l'ambulance. L'étudiante était terrifiée, moi aussi, je ne savais pas comment la réconforter, alors je lui avais dit, comme on chantonnerait une berceuse, que tout allait bien se passer, qu'il ne fallait pas s'inquiéter, en tapotant doucement ses jambes levées, maculées de coulées rouges.* La dame plus âgée enlace la jeune fille en lui parlant dans leur langue. *De l'importance du tact : toucher l'autre est parfois la seule manière de lui signifier qu'il nous a touchés et que nous sommes réellement présents pour lui.*

Enfin, le médecin arrive. C'est une petite femme énergique. Quatrième salve d'explications. Elle fait une piqûre dans le bras de la jeune fille pour anesthésier la douleur et la rendre transportable. Elle me jette un coup d'œil distrait : « Vous êtes qui, vous ? » Puis, elle me congédie illico : « Rentrez chez vous, maintenant, on va la conduire à l'hôpital. » Je ne suis pas tout à fait rassurée… Je laisse mon nom et mon numéro de téléphone à la dame plus âgée, qui, elle, est autorisée par la doctoresse à accompagner la jeune fille. Je lui dis de ne pas hésiter à m'appeler, si elles ont besoin de quoi que ce soit.

Du délit de faciès inversé… Cette dame ne connaissait visiblement pas plus la jeune fille que moi. Mais elle, elle avait « la tête de l'emploi » : noire et voilée. *Je me prends à penser que le profilage ethnique s'est insidieusement fait une place dans notre quotidien, même là où on ne l'attendait pas.*

Deux semaines plus tard, j'ai la surprise de recevoir un coup de téléphone de Nene Oumou. C'est le prénom de la jeune fille du tram : « Qu'une femme de ma communauté m'ait aidée, ça, c'était normal, mais vous, *vous* ! Je n'ai pas réussi beaucoup à vous parler parce que j'avais trop mal, mais je n'ai pas cessé de penser à vous à l'hôpital. Je voudrais vraiment vous voir pour vous remercier. »

J'ai rencontré Nene Oumou. J'ai découvert le cœur rayonnant de sa vie : sa petite fille de huit ans (Nene Oumou en a seulement vingt-quatre) qu'elle élève seule. J'ai appris le mystère qu'elle doit combattre chaque jour : la maladie qui s'est abattue sur la petite il y a trois ans, lors d'un séjour en Afrique pour revoir ses parents. Des pertes de conscience, une régression du langage, une hyperkinesthésie… Elle évoque à demi-mot un mauvais sort qui aurait été jeté là-bas sur l'enfant. *Nene Oumou n'a jamais nommé son pays d'origine. Elle a toujours dit : « au pays » ou « chez moi, en Afrique »*. La kyrielle des médecins d'ici n'y comprend rien et n'est toujours pas parvenue à poser un diagnostic. Leurs tentatives de médicalisation dans tous les sens laissent tour à tour la petite épuisée, énervée, comateuse… Je comprends l'angoisse de Nene Oumou, dès lors, dans le tram, non pas à cause de son dos, mais pour la petite : elle ne pouvait pas se permettre un pépin de santé qui l'aurait empêchée d'être totalement présente pour elle. Mais Nene Oumou m'a dit qu'elle n'a pas peur, qu'elle est forte, qu'elle *doit* être forte, pour sa fille.

La force de vie qui se dégageait d'elle lorsqu'elle a affirmé cela m'a profondément touchée.

Étonnements synchrones

> « C'est le fait de s'étonner qui poussa les hommes à philosopher, hier comme aujourd'hui [...] Celui qui rencontre une difficulté et qui s'étonne, prend conscience de sa propre ignorance et la pense. »
>
> Aristote, *Métaphysique*

Si la rencontre avec Nene Oumou a été si marquante pour moi, c'est aussi compte tenu de la configuration d'événements dans laquelle elle était venue s'imbriquer. Lors de mon intervention à la radio, j'avais en effet voulu rendre signifiant le jour calendrier du 30 avril 2019, en le prenant comme un moyen terme me permettant de relier deux événements qui n'avaient *a priori* rien à voir l'un avec l'autre : l'incendie de la cathédrale Notre-Dame de Paris, deux semaines auparavant, le 15 avril 2019. Et la mort de Mawda, une fillette kurde de deux ans tuée par un tir policier lors de l'interception par la police belge d'une camionnette de migrants sur l'autoroute de Mons, le 17 mai 2018. Le triste anniversaire de cet événement allait donc être commémoré environ deux semaines après mon intervention à la radio, le 17 mai 2019.

Quinze jours avant – quinze jours après « aujourd'hui » : une arithmétique imaginaire à partir d'un point imposé par le hasard d'une programmation radio, pour questionner les étranges oscillations du sens commun démocratique, lors de sa mise à l'épreuve par ces deux événements.

Pourquoi l'incendie de Notre-Dame a-t-il suscité des couvertures médiatiques dévoilant « l'émotion de toute une nation », pour citer le président Macron ? Pourquoi a-t-il donné lieu à une réaction unanime de deuil, le sentiment d'une perte irréparable s'étendant bien au-delà des frontières de la France ? Comme si toutes et tous s'étaient unis pour effacer au plus vite les stigmates d'un accident qui rappelait trop que l'imprévisible est notre lot commun, alors même que la France était plus divisée que jamais par de multiples fractures : entre la France d'en haut et celle d'en bas – le mouvement des Gilets jaunes faisant apparaître aux yeux de toutes et tous la paupérisation en cours de la classe moyenne et donc le fait « qu'en bas », il y avait toujours plus de monde –, entre les autoproclamés « Français de souche » et les réactifs « indigènes de la République », etc.

Alors qu'en comparaison, la mort de la petite Mawda n'avait soulevé qu'une vague d'indignation bien vite retombée sous le coup de multiples facteurs, dont le premier fut la suspicion[1]. Les médias belges et étrangers avaient en effet immédiatement relayé la thèse selon laquelle Mawda serait morte après avoir été brandie par la fenêtre comme bouclier humain par les siens ! Ensuite, on put assister à une insidieuse forme de banalisation de l'affaire, qui révéla une inquiétante acceptation par la population belge de la criminalisation des migrants. Beaucoup

1 Tout comme certains avaient tenté de dérober la vision insoutenable du corps du petit Aylan aux regards compatissants par des accusations de photomontage truqué – comme si cela pouvait d'un seul coup effacer la réalité de tous les enfants migrants morts en mer. Selon l'Organisation Internationale pour les Migrants (OIM) au moins 2 300 enfants sont morts ou ont disparu en Méditerranée entre 2014 et 2020. Portail sur les données migratoires, 2021, <https://www.migrationdataportal.org/fr/themes/child-and-young-migrants>, consulté le 02/03/2022.

de gens se dirent en effet d'accord avec le point de vue défendu par Bart De Wever, figure emblématique de la N-VA (Nieuw-Vlaamse Alliantie), un parti nationaliste majoritaire en Flandre. Ce dernier avait affirmé que ce qui était arrivé était avant tout de la responsabilité des parents, qui avaient pris des risques inconsidérés[1].

Il n'y avait donc pas eu de réel mouvement de foule pour dénoncer le fait qu'il était inadmissible qu'un policier se soit mis à tirer dans l'espace public tel un cow-boy sans avoir été menacé d'une quelconque manière, uniquement pour arrêter une camionnette de migrants en fuite. Qui plus est, sans même parler d'indignation morale, l'ensemble de la population aurait dû se sentir directement concernée par le tir du policier parce qu'il était *en totale contradiction avec le droit*. L'article 38 de la loi sur la fonction de police de 1992 est en effet très clair à ce sujet : des policiers ne peuvent dégainer leur arme qu'en cas de légitime défense ; contre des personnes armées ou en direction de véhicules dans lesquels se trouvent des personnes armées ; lorsqu'en cas d'absolue nécessité, ils ne peuvent défendre autrement les personnes, les biens dangereux ou encore les lieux qui leur ont été confiés[2]. En dehors de ces trois cas de figure, l'usage des armes à feu leur est donc interdit. Dès lors, chaque citoyen, chaque citoyenne, aurait pu se sentir légitimement menacé par la réalisation d'un tel acte illégal posé par un représentant de la loi. Toutes et tous auraient dû demander raison du déni de responsabilité politique entériné par des prises de paroles publiques comme celle de Bart De Wever.

1 Biourge Céline et Crivellaro Rachel, RTBF, 25 mai 2018, <https://www.rtbf.be/info/belgique/detail_mort-de-la-petite-mawda-bart-de-wever-rejete-la-faute-sur-les-parents-jan-jambon-approuve?id=9927312>, consulté le 10/07/2019.

2 Belgiquelex.be, *5 août 1992. Loi sur la fonction de police*, <https://www.ejustice.just.fgov.be/cgi_loi/loi_a1.pl?language=fr&la=F&cn=1992080552&table_name=loi&&caller=list&fromtab=loi&tri=dd+AS+RANK>, consulté le 01/12/2022.

Bien que mille cinq cents personnes aient accompagné les funérailles de Mawda dans une marche blanche[1], toute cette affaire aurait vite été oubliée, n'était la pugnacité d'un journaliste indépendant, Michel Bouffioux, qui a entrepris de faire une contre-enquête détaillée[2], ainsi que celle d'un collectif de citoyens, indignés et inquiets, qui se sont constitués en comité : « Justice et Vérité pour Mawda ». Ce collectif avait interpellé les politiques, les médias, ainsi que les universités. À leur suite, il faut oser le dire avec force : la mort de Mawda est le résultat direct d'une politique délibérée visant à institutionnaliser la criminalisation des personnes migrantes, en Belgique comme dans le reste de l'UE. L'affirmation pourra paraître d'une triste et banale évidence à certains et terriblement choquante à d'autres. Elle nécessitera donc d'être étayée et analysée avec soin.

La concrétisation la plus visible en Belgique de ce net durcissement de la politique migratoire est un plan d'action baptisé Medusa, mis en place le 22 septembre 2015 par Jan Jambon, le ministre de la Sécurité et de l'Intérieur de l'époque, avec la collaboration de Theo Francken, le secrétaire d'État à l'Asile et à la Migration, tous deux de la N-VA.

Medusa, terrible créature de la mythologie grecque, dont la seule vue figeait en pierre son spectateur, prise comme nom de code d'une opération policière par un cynique jeu de mots. Car « Medusa » fait bien évidemment aussi songer au tableau de Géricault, Le Radeau de La Méduse *(1819). Cette scène de naufrage, où d'innombrables corps vivants et morts s'entassent sur un*

1 RTBF, 30 mai 2018, <https://www.rtbf.be/info/societe/detail_cortege-blanc-le-dernier-adieu-a-la-petite-mawda?id=9931790>, consulté le 10/07/2019.

2 Cette contre-enquête a d'abord été publiée sous forme d'articles publiés dans l'hebdomadaire *Paris Match* entre le 20 décembre 2018 et le 7 mars 2019. On en retrouvera l'intégralité dans le livre suivant : Engel Vincent et Bouffioux Michel, *Deux ans et l'éternité*, Hévillers, Ker éditions, 2019, p. 85-187.

frêle esquif, préfigure sous une forme archétypale la détresse des migrants des deux siècles à venir…

Le plan Medusa consiste à planifier des contrôles ciblés et spécifiques aux abords de voies de transport (autoroutes et ports), afin d'intercepter les migrants se rendant illégalement en Angleterre, lors de leur traversée de la Belgique[1]. À partir de 2015, ces migrants ont été plus techniquement dénommés « transmigrants » par les autorités gouvernementales[2]. C'est dans le cadre d'une opération Medusa que la petite Mawda a trouvé la mort.

L'affaire Mawda a une valeur paradigmatique, bien au-delà des frontières de la Belgique. Car c'est partout en Europe que les gouvernements considèrent *a priori* comme des intrus indésirables, voire dangereux, celles et ceux qui fuient la misère et la guerre, lorsqu'ils proviennent d'aires géographiques qui ne sont pas considérées comme étant de parenté « européenne » ; qu'ils les font pourchasser et renvoyer de force chez eux par leurs polices, alors qu'ils devraient les accueillir, les aider et les protéger. C'est pourquoi il va falloir travailler conceptuellement à transformer l'*affaire* en *cas*.

L'imaginaire collectif se doit en effet de conserver une trace de cette infigurable image : celle de l'enfant tuée par Medusa. Dans le mythe grec, Persée avait évité la confrontation directe avec le regard destructeur de Medusa grâce au pouvoir réfléchissant de son bouclier, poli comme un miroir. C'est cette

---

1 Pour la définition du plan d'action et des opérations Medusa, voir le rapport d'activité de la police belge de 2016, p. 11, <https://www.police.be/5998/sites/5998/files/downloads/17_RA2016_Full_EN.pdf>, consulté le 11/07/2019 : « The Medusa operation consists of systematic controls along communication lines, organised in the field of (trans)migration. »

2 Leherte Odile, RTBF, 2018, <https://www.rtbf.be/info/inside/detail_transmigrant-un-mot-qui-fait-son-chemin?id=10078922>, consulté le 11/07/2019. Ce terme a d'emblée suscité la polémique et de nombreuses critiques. Son utilisation a aujourd'hui été abandonnée dans les médias traditionnels belges.

ruse qui lui avait permis de trancher la tête du monstre. À notre tour, nous devrons réfléchir les détournements discursifs mobilisés tant par les médias que par la police ou encore par la Justice pour *protéger* Medusa – terrible déformation du mythe !

Par-delà la sidération[1], il va falloir regarder en face et analyser notre coresponsabilité à toutes et à tous, en tant que citoyennes et citoyens de Belgique, de France et d'ailleurs, qui, pour la plupart, ferment les yeux et laissent faire de telles politiques iniques à l'égard des personnes migrantes. Car il est urgent que nous apprenions à *juger*, non pas d'un point de vue moral, mais politique *et* épistémologique, des conditions de possibilité du développement de ces politiques migratoires. Lesquelles sont d'origines multiples, aussi bien (géo)-politiques, sociologiques que psychologiques et surtout, aussi bien fondées sur un certain imaginaire collectif que dans la réalité.

Voilà pourquoi le titre du présent livre s'inspire de la forme de celui d'un type spécifique de procès : celui par lequel un simple particulier peut assigner un État devant la Cour suprême aux États-Unis. *Equal Justice under Law* : telle est la devise de cette Cour, instance la plus haute du système judiciaire américain. *Mawda* v(ersus) *Medusa* mobilise donc ici symboliquement ces deux noms-emblèmes afin de questionner le face-à-face adversatif des migrants et de l'État, envisagé du point de vue de la justice[2]. Il s'agira par ce biais de poser la question du

1 Je ne puis qu'être d'accord avec Marielle Macé lorsqu'elle évoque la nécessité de passer de la « sidération » à la « considération » des migrants. Voir Macé Marielle, *Sidérer, considérer. Migrants en France, 2017*, Paris, Verdier, 2017. Néanmoins, son essai me semble être en contradiction avec cet objectif : surinvestissant l'émotion et la déploration au détriment de l'analyse critique et de l'action, Marielle Macé transforme malgré elle les migrants en un flot anonyme de victimes passives, voire, elle les « esthétise » en objets de lamentation de sa méditation érudite. Son texte reste donc prisonnier de l'effet de sidération qu'elle dénonce pourtant à juste titre.

2 L'État belge, en l'occurrence, mais répétons que la démonstration pourrait se répéter pour chaque État européen.

respect des droits des migrants, ou plus précisément de ce que Hannah Arendt avait appelé « le droit d'avoir des droits » de tout être humain[1].

Dès les années 1950, Arendt avait constaté l'inefficacité des droits de l'homme à protéger celles et ceux qui, précisément, ne pouvaient *a priori* se revendiquer que de ce type de droits : les millions d'apatrides apparus avec la disparition des deux États multinationaux de l'Europe d'avant-guerre, la Russie et l'Autriche-Hongrie[2], apatrides dont le nombre s'était encore accru avec les deux guerres mondiales. Privés de nationalité et donc de la protection d'un État-nation, ces apatrides auraient dû être protégés par les droits de l'homme, supposés universels et inaliénables. Or, il n'en fut rien. Et aujourd'hui tel est toujours le cas, malgré la ratification de la Convention de Genève relative au statut des réfugiés en 1951 et la création de la Cour européenne des droits de l'homme en 1959. Car la souveraineté des États limite fortement la portée véritable des jugements émis par la Cour, laquelle ne peut de surcroît entrer en matière que pour ses États membres. On doit donc s'interroger sur le statut théorique et la viabilité pratique pour les personnes migrantes de ce « droit d'avoir des droits », qu'Arendt avait proposé comme alternative aux droits de l'homme.

Enfin, je précise qu'il s'agira d'enraciner la réflexion du cas Mawda dans une étude du réel basée sur la comparaison critique et différentielle des mises en discours de l'affaire Mawda. Je me risquerai dans ce cadre à pratiquer ce qu'on pourrait qualifier de « philologie politique[3] ». En effet, seule une lecture attentive aux méandres des lignes d'argumentation défendues par les uns et les autres, ainsi qu'aux apparents

---

1 Arendt Hannah, *op. cit.*, p. 599.

2 *Ibid.*, p. 563.

3 Je remercie Lou Clemens de m'avoir suggéré cette expression.

détails en réalité toujours tellement signifiants, permettra de faire émerger la valeur paradigmatique et la complexité du cas Mawda. On verra ainsi à l'œuvre quelque chose comme une variante de l'effet-Rashomon. Rappelons que le film éponyme d'Akira Kurosawa mettait en scène quatre personnages racontant des versions très différentes, voire opposées, d'un même crime. Ce film a inspiré le concept épistémologique d'« effet Rashomon », qui désigne le fait qu'un même événement puisse faire l'objet de discours et d'interprétations contradictoires[1]. Ce concept est surtout mobilisé dans des cas où l'absence de preuves indiscutables rend impossible de trancher en termes de vérité-correspondance. Tel n'est *a priori* pas le cas dans l'affaire Mawda : le policier auteur du tir n'a *jamais* nié avoir tiré. Mais nous allons voir que justice et vérité se sont croisées et ignorées de bien étranges manières tout au long de cette affaire.

Par la mise en acte de cette philologie politique, j'entends contourner une certaine forme de polarisation qui me semble exister parmi les discours produits au sujet des migrants. D'une part, on trouve des discours essentiellement basés sur les émotions de leurs autrices et de leurs auteurs, et qui visent avant tout celles de leur lectorat. Ceci concerne autant les discours théoriques que ceux qu'on peut trouver dans la presse ou sur les réseaux sociaux. Le schème est d'ailleurs le même, qu'il s'agisse d'inciter à la compassion ou à la haine, il faut le souligner. On entend faire vite, persuader efficacement et se passer d'arguments. D'autre part, on trouve des discours qui se méfient de toute forme d'émotion, vue comme appartenant nécessairement au registre de l'irrationnel. Et l'on vise alors à parler et à agir de manière strictement objective et argumentée,

---

1 Anderson Robert, « What is the Rashomon Effect? », dans *Rashomon Effects : Kurosawa, Rashomon and their Legacies*, Abingdon, Routledge, 2015, p. 66-85.

notamment en déconstruisant les présupposés et les partis pris hérités, toujours soupçonnés d'irrationalité émotionnelle.

Plongée depuis plus de trente ans dans l'étude des textes grecs, j'en ai pour ma part déduit la nécessité d'une position intempestive, qui entend se baser sur l'affect tout autant que sur la raison critique. Retrouver leur unité, profonde bien que toujours conflictuelle, est nécessaire si l'on veut rendre raison de la complexité humaine, qui n'est jamais manichéenne dans la réalité[1].

1 J'ai découvert en cours d'écriture une position « sœur » de celle que je cherche ici à construire dans les travaux de l'helléniste et militante Cosnay Marie, *Nos corps pirogues*, Paris, L'Ire des marges, 2022 ; *Des Îles. Lesbos 2020-Canaries 2021*, Paris, L'Ogre, 2021.

Dire l'affaire Mawda

Les discours de la Presse

De la manière dont la presse a couvert cette affaire, j'épinglerai deux éléments, opposés et complémentaires. Il est frappant de constater que la plupart des grands quotidiens, qui se contentent souvent de diffuser les dépêches de presse des agences sans les analyser, ont surenchéri dans le sensationnel dans ce cas-ci, allant jusqu'à la mise en fiction. En parallèle, cette affaire a donné lieu à un véritable journalisme d'investigation comme on n'en lit plus que rarement en Belgique dans la presse grand public, sous la forme de la contre-enquête menée par Michel Bouffioux. Je voudrais donc ici comparer la manière dont ces deux types de pratiques journalistiques ont rendu compte de deux faits précis : la prise en chasse par la police de la camionnette des migrants et la cause de la mort de Mawda.

Commençons par envisager comment le journal *Le Soir*, l'un des quotidiens les plus lus en Belgique francophone, fait découvrir l'affaire à son public[1]. Le titre de l'article propose

1 Kihl Lorraine et Durieux Sandrine, « Les trafiquants choisissent la stratégie du danger maximal », *Le Soir*, 17/05/2018, <https://plus.lesoir.be/157373/article/2018-05-17/les-trafiquants-choisissent-la-strategie-du-danger-maximal#_ga=2.249026439.1850534678.1553008679-1082445695.1552666836>,

d'emblée un cadrage de l'événement très orienté : « Les trafiquants choisissent la stratégie du danger maximal. » Le premier paragraphe, dont on aurait attendu qu'il commence par relater les faits de manière neutre pour ensuite en proposer une analyse, plante le décor d'une toute autre manière :

> LE SOIR :
> La police de la route a pris en chasse une camionnette de passeurs ce jeudi. Le chauffeur a foncé sur la police. Les causes de la mort d'une passagère de deux ans restent floues. Les réseaux kurdes sont réputés comme extrêmement dangereux.

Le texte est accompagné d'une photographie signalée comme étant « d'illustration » (entendez : elle n'est pas forcément celle de l'événement lui-même), avec la légende suivante : « La police a ouvert le feu pour stopper le camion, sans faire de victime. »

Décryptons cette première séquence. Pour le lecteur qui découvre cette présentation des faits, la camionnette ne contenait que des passeurs, donc des criminels. Cette criminalisation *a priori* de tous les passagers de la camionnette est accentuée par la seconde phrase : « Le chauffeur a foncé sur la police. » La visualisation de cette scène est quant à elle orientée par la photo : on y voit en effet en gros plan un policier de dos, debout sur la route, et de face un autre policier, plus éloigné, lui aussi à pieds, dont le visage est flou, au même niveau que ce qui apparaît comme une porte de camionnette entre-ouverte.

Autrement dit, la parole et l'image ne peuvent qu'amener le lecteur à « voir » – à *imaginer*, en fait ! –, une camionnette qui fonce sur un ou plusieurs policiers à pieds et à conclure

consulté le 02/07/2019. Tous les extraits cités sont des citations exactes de la version en ligne.

que l'acte évoqué dans la légende était de l'ordre de la légitime défense. S'ils ont ouvert le feu, c'était pour stopper la camionnette soudain transformée en poids lourd, puisqu'on nous parle d'un « camion ».

Au milieu de cette séquence, dont la logique semble aussi implacable que celle d'un syllogisme, on trouve pourtant une information d'une toute autre nature et qui dénote d'ailleurs tellement dans ce contexte, qu'on pourrait croire à une erreur : qu'est-ce qu'une « passagère de deux ans » venait donc faire là ?

On soulignera aussi le choix du terme utilisé pour désigner pour la première fois Mawda : « passagère » l'adultifie en la rangeant d'emblée du côté des autres passagers, c'est-à-dire des passeurs (était-elle la fille de l'un d'entre eux ?) Qui plus est, cette information qui tombe sous les yeux du lecteur tel un astéroïde venant de nulle part, fait passer au second plan l'événement de sa mort, entraîné dans le flou de ses causes supposées. Sans connexion logique apparente, ce fait particulier est suivi d'une affirmation générale qui se profile pourtant comme sa cause : « Les réseaux kurdes sont réputés comme extrêmement dangereux. » Outre qu'on apprend ainsi la nationalité du groupe auquel appartiennent les passagers de la camionnette, le superlatif associé à leur dangerosité les rend clairement responsables de la mort de leur « passagère ». Et ce, alors que le seul élément qui pourrait faire office de « cause » dont dispose le lecteur est pourtant bien la mention du fait que « la police a ouvert le feu ». Mais puisque la légende qui accompagne la photographie le rassure en lui assurant d'emblée que ce fut « sans faire de victime », le lecteur est lui aussi maintenu dans le flou…

Le second paragraphe ne semble pas tant développer le propos que recommencer l'article, mais en déplaçant la focale de la présentation des faits relatés :

> LE SOIR :
> Une fillette de deux ans, transportée dans une camionnette remplie de migrants, est décédée jeudi à l'issue d'une course-poursuite avec la police près de Mons. L'épisode tragique est significatif des pratiques extrêmement dangereuses des trafiquants.

Voici que la « passagère », évoquée quasi-clandestinement entre les lignes du premier paragraphe est désormais mise au centre de l'attention du lecteur, en s'incarnant en « fillette ». Passive car « transportée », comme ces « migrants » qui apparaissent ici pour la première fois, la fillette est néanmoins humaine, contrairement à ces derniers, qui semblent quasi-animalisés par le fait de « remplir » une camionnette. Voici aussi que les policiers ne sont plus à pied, puisqu'on nous parle de « course-poursuite ». Cette expression, qui renvoie le lecteur à l'imaginaire des films policiers, renforce encore la suggestion implicite que ce sont bien des criminels qui ont ainsi été poursuivis. En effet, le paragraphe se clôt sur la répétition de l'association de « l'extrême », du « danger », et des « trafiquants/passeurs », martelée tel un leitmotiv.

À la lecture du troisième paragraphe, on commence à comprendre que les journalistes procèdent à la fois par matraquage/répétition de tels leitmotivs et par un procédé d'écriture qui s'apparente au zoom en photographie. Désormais, on nous dépeint la scène au présent, comme si on y était, avec moult précisions de détails chiffrés, qui accroissent l'effet de réel et donc la vraisemblance du propos :

> LE SOIR :
> Peu avant trois heures du matin jeudi, la police de la route prend en chasse une camionnette au comportement suspect. Lorsque les forces de l'ordre tentent de

bloquer l'engin à hauteur de Maisières dans le Hainaut, le chauffeur fonce sur les policiers qui ouvrent le feu. La camionnette s'arrête, sans que les tirs n'aient fait de victime. Dans la camionnette, une trentaine de personnes toutes d'origine kurde : 26 adultes, trois enfants et un bébé mal en point. La fillette de deux ans succombera dans l'ambulance.

Comme les pièces d'un puzzle soudain rassemblées, on nous répète pour la seconde fois deux informations déjà dispatchées dans le corps des précédents paragraphes ainsi que dans la légende de la photographie, qui sont maintenant réunifiées : si le chauffeur a « foncé » sur les policiers, ces derniers n'ont donc vraiment pas eu d'autre choix que d'ouvrir le feu pour se défendre, mais « sans faire de victime ». Le double leitmotiv auquel le lecteur est ainsi conditionné à souscrire est donc le suivant. Les réseaux de trafiquants sont extrêmement dangereux et il est légitime que la police ouvre le feu sur eux pour se défendre. Et en implicite : Le tir des policiers n'est pas la cause de la mort de la fillette.

Le quatrième paragraphe reconnaît tout de même au lecteur un souci justifié d'identifier ladite cause. C'est pourquoi, il va jusqu'à lui en proposer trois, qui plus est cautionnées par leur source, rien moins qu'une autorité judiciaire.

> Le Soir :
> L'enfant, qui était au moins accompagné de sa mère a été autopsié en soirée. Seule certitude à ce stade : elle n'est pas décédée des suites des coups de feu des policiers ; le premier substitut du parquet de Mons évoquait jeudi après-midi les causes possibles de son décès : une maladie, un accident lié au comportement du chauffeur

de la camionnette – la tête de l'enfant aurait pu heurter une paroi du véhicule – ou un coup.

Tout en prenant la précaution oratoire d'utiliser le conditionnel et donc en plaçant cette triple causalité sous l'égide de la catégorie du possible, les journalistes, en jouant sur les contradictoires, peuvent ainsi marteler pour la troisième fois et en l'hypostasiant comme « seule certitude », l'absence de lien de cause à effet entre le coup de feu policier et la mort de Mawda. On soulignera aussi les métamorphoses de celle qui avait d'abord été adultifiée en « passagère », brièvement réhumanisée en « fillette », puis euphémisée en « bébé mal en point », et qui est maintenant désexualisée, voire *neutralisée*, en corps autopsié. En effet, le « -e » est systématiquement omis à « accompagné » et à « autopsié », car il dépend d'« enfant », terme qui se décline pourtant aussi au féminin. Le choix du masculin montre l'effet de captation invisible du cadavre auquel est désormais réduite l'identité de Mawda.

Voilà pour les événements de la prise en chasse de la camionnette par la police et de la mort de la fillette. La suite de l'article, qui en constitue la plus longue partie, est consacrée aux filières de trafiquants d'êtres humains en général et à la description de leur traque par la police. L'article est donc conçu de sorte à faire apparaître la mort de Mawda comme une conséquence illustrant « l'extrême dangerosité » de ces réseaux. Je relèverais néanmoins encore trois faits de discours importants à mes yeux. Tout d'abord, on remarquera que chacune des deux parties qui suivent porte un sous-titre. La première partie, celle que nous venons d'analyser, apparaît donc rétrospectivement comme n'ayant été qu'une simple introduction aux deux suivantes, puisqu'elle ne portait quant à elle pas de sous-titre. Ensuite, dans la partie sous-titrée « stratégie agressive », on fait découvrir au lecteur que cette dernière est une spécificité kurde, dont les réseaux « sont réputés les plus violents ». En quoi consiste ladite stratégie ? C'est un expert anonyme qui nous l'explique, sans que soit d'ailleurs précisé le domaine de son expertise, en nous révélant d'abord la visée de cette stratégie : « L'idée est de pousser le danger pour obliger les forces de l'ordre à abandonner. » Car, bien entendu, « même avec sa puissance de feu, la police a des limites : elle doit s'assurer de ne pas faire de victimes ». À lire l'évidence de ce devoir policier, on suppose donc *a posteriori* qu'il n'y avait pas de danger à ouvrir le feu dans l'affaire qui vient d'être évoquée. Or, tout au contraire, les journalistes y reviennent afin de donner un exemple concret de cette stratégie habituelle des trafiquants :

> Le Soir :
> Selon des témoignages, confirmés par le parquet comme une hypothèse sérieuse, les enfants présents dans le véhicule auraient été brandis aux fenêtres à plusieurs reprises pour dissuader les policiers d'agir.

Si l'on ne nous dit rien de la source de tels témoignages, la validation par l'autorité du parquet est néanmoins supposée leur garantir une caution suffisante. Pourtant, le lecteur serait en droit de mettre en question le sérieux d'une telle hypothèse. Reprenons en effet le fil du raisonnement ainsi tramé par les journalistes. Bien que le lien de cause à effet soit à nouveau implicite et que l'article laisse au lecteur le soin de l'établir, ce dernier ne peut qu'arriver à la conclusion suivante : l'enfant est décédée parce qu'elle a ainsi été « brandie par la fenêtre ».

Or, il vient de lire que « sa mère, au moins était présente ». Quelle mère oserait traiter son enfant de la sorte ? Le lecteur est ainsi amené à voir la mère de Mawda comme étant une mère indigne et même monstrueuse.

Tout est donc fait pour que l'aspect effroyable d'un tel acte empêche le lecteur de trop réfléchir pour identifier l'« agir » dont un tel *modus operandi* était censé « dissuader » les policiers. Lequel « agir » ne pouvait être que le tir. Or, on vient de nous dire que la police a pourtant bel et bien ouvert le feu cette fois-ci ! Alors même que des enfants étaient ainsi brandis aux fenêtres, et au risque de les toucher !? Ce serait donc alors un tir policier qui aurait tué la fillette ?

L'article semble donc flirter avec deux stratégies rhétoriques contradictoires : il oscille entre tout faire pour rendre une telle scène inimaginable et pourtant, il se complaît à la suggérer sans cesse.

La dernière partie de l'article, sous-titrée « un autre prend sa place », laisse le lecteur sur sa faim concernant les tenants et aboutissants de toute cette affaire. À moins qu'elle ne lui propose une résolution définitive de ses éventuelles suspicions au sujet de la responsabilité des policiers dans la mort de l'enfant. Les journalistes égrènent d'abord moult chiffres émanant du centre fédéral de la migration Myria, qui montrent combien le trafic d'êtres humains est rentable pour les passeurs et combien odieux sont ces derniers, qui qualifient les migrants de « moutons » et d'« animaux ». Le lecteur n'a désormais plus à l'esprit que les passeurs, dont le caractère de crapules criminelles est pour lui désormais avéré. Tous les effets de confusion et d'identification entre passeurs et migrants sont désormais effacés (rappelons que l'article avait commencé par évoquer une « camionnette de passeurs », comme si ces derniers avaient été seuls présents à bord). Les policiers, eux, sortent totalement « blanchis » du paragraphe.

Le Soir :

Comme pays de transit, la Belgique a développé depuis les années 1990 une certaine expertise en matière de lutte contre le trafic d'êtres humains. Des magistrats sont spécialisés sur la matière et des unités de police sont spécialement dédiées.

Main dans la main, la « police » et la « justice » sont du côté du « Bien » et travaillent à démanteler de tels odieux réseaux de trafic d'êtres humains. Avec succès : l'article cite un coup de filet international qui a permis l'arrestation de 26 personnes. Mais les journalistes ont choisi de ne pas finir sur cette note triomphaliste. Elles laissent la parole, pour finir, à un nouvel observateur anonyme :

> Le Soir :
> Dès qu'on parvient à faire tomber un réseau, un autre prend sa place.

Afin de lutter contre ce qui apparaît comme une hydre de Lerne, la police, mi-Hercule, mi-Sisyphe, serait-elle donc justifiée d'user de tous les moyens, quitte à être absoute en cas de bavure, comme dans le cas de la mort de l'enfant kurde? S'il est évident que la police et la justice doivent lutter contre les réseaux de trafics d'êtres humains, en tant qu'il s'agit là d'associations criminelles de malfaiteurs, l'une de leurs priorités dans ce cadre ne devrait-elle pas être de protéger les personnes migrantes, qui sont les premières victimes de ces réseaux, plutôt que de les criminaliser?

Aux antipodes de l'article du *Soir*, écoutons maintenant un tout autre son de cloche avec la contre-enquête de Michel Bouffioux, publiée dans *Paris Match*[1]. Un avertissement

1 Cette enquête comporte près d'une centaine de pages. C'est pourquoi, je ne puis ici en analyser que certains éléments ponctuels, qui « répondent » à la presse *mainstream*, dont j'ai pris l'article du *Soir* comme échantillon représentatif.

préalable : ce magazine, spécialisé dans les potins de stars et de têtes couronnées, n'est pas *a priori* celui dont on aurait attendu ce type de reportage critique. Qui plus est, *Paris Match* est aussi le canal par lequel se diffuse la représentation contrôlée de la vie privée de ceux qui nous gouvernent : qu'on songe seulement à la manière dont les présidents français successifs y ont affiché la représentation de leur vie de couple ou de famille, selon le message symbolique qu'ils entendaient faire passer par ce biais.

Quel crédit, dès lors, accorder au reportage de Michel Bouffioux ? Ce dernier n'aurait-il lui aussi cherché qu'à faire du sensationnel ? Personnellement, ce reportage m'a d'abord surprise, puis interpellée et enfin convaincue par son sérieux et par son engagement[1]. À l'ère des *fake news* et de la mise en question généralisée des médias officiels, il me semble que le lieu de publication n'est plus, à lui seul, un gage de crédibilité. Le citoyen en recherche d'information se doit donc d'aller fureter un peu partout, de comparer, de recouper, d'analyser ce qui lui est proposé, en faisant lui-même preuve d'esprit critique. C'est pourquoi les questions que l'enquête de Michel Bouffioux soulève et les éléments qu'elle met à notre disposition en font un document précieux et incontournable[2].

Les citations renvoient à la pagination du livre *Deux ans et l'éternité*, où tous les articles ont été republiés.

1 Il me semble important de souligner que le ton du reportage de Michel Bouffioux n'est pas neutre. Il est tout entier sous-tendu par un souffle d'indignation souvent teinté d'ironie grinçante. D'aucuns le trouveront décalé. Moi, il m'a fait songer à certaines pages de Marx, notamment à celles consacrées à la criminalisation du ramassage du bois par la Diète rhénane, d'une pertinence et d'une actualité toujours aussi vives. Voir Bensaïd Daniel, *Les dépossédés : Karl Marx, les voleurs de bois et le droit des pauvres*, Paris, La Fabrique, 2007.
Dans un horizon de sens nietzschéen, cette question du « ton » du discours est pour moi centrale car elle permet d'exprimer le travail dynamique conjoint des affects et de la raison critique que je cherche ici à faire entendre, par-delà leur dichotomie encore trop souvent pratiquée et théorisée.

2 Un bémol : Michel Bouffioux donne beaucoup de détails étonnamment précis

Tout d'abord, Michel Bouffioux fournit à ses lecteurs une explication quant à l'origine de la prise en chasse de la camionnette, laissée dans le flou par la seule mention de son « comportement suspect » dans l'article du *Soir*.

Michel Bouffioux :
Le jeudi 17 mai à 1 h 24, alors qu'elle était garée entre deux camions, la camionnette fut repérée par des agents de la Police de la route (WPR) de Namur. Ce n'est pas un hasard si ces policiers patrouillaient sur l'aire de stationnement : « Nous étions prévus pour une mission spécifique de contrôle des migrants, l'opération "Medusa". Notre mission est de nous rendre sur les parkings d'autoroute en vue d'interpeller des migrants », a témoigné l'un de ces agents dans le cadre de l'enquête judiciaire en cours. Un policier a aussi décrit l'activité de cette soirée en ces termes : « Surveillance des parkings, dans le cadre de la problématique des migrants. » Un inspecteur a enfin indiqué qu'il y a eu d'autres opérations Medusa avant celle-ci[1].

Comme le journaliste le souligne, cette affaire intervient donc dans le cadre général de la politique migratoire initiée par la N-VA et de ses retombées tant policières que judiciaires. Car ce qui a été présenté aux lecteurs du *Soir* comme étant une coopération visant à lutter contre le trafic d'êtres humains est aussi, et peut-être même surtout, une traque de migrants, qu'il s'agit donc d'empêcher de passer au Royaume-Uni en les interceptant durant leur transit par la Belgique et en les dirigeant vers des centres fermés, à partir desquels ils seront pour la plupart

mais sans citer ses sources, une demande d'anonymat qu'on peut évidemment comprendre de la part des témoins qu'il a entendus, mais qui pose parfois un vrai problème à la lecture.

1 Engel Vincent et Bouffioux Michel, *Deux ans et l'éternité, op. cit.*, p. 88-89.

renvoyés dans les pays qu'ils avaient fuis[1]. Le journaliste en tire les conclusions qui s'imposent dans le cas présent.

Michel Bouffioux :
Après l'éclatement de l'affaire Mawda, le récit de cette mission qui a mal tourné connut une évolution sémantique : il ne fut plus question d'« interpellation de migrants » mais de « lutte contre les passeurs » qui organisent le « trafic des êtres humains ». On insista aussi sur la problématique des « vols cargos ». Cela changeait évidemment la perspective. Il est tellement plus noble de traquer de dangereux criminels que d'intercepter des familles en détresse sur les routes de l'exil. L'ex-chef d'orchestre de la police belge, le ministre de l'Intérieur Jan Jambon (N-VA), inventa même le refrain d'une chanson rédemptrice. Car il fallait bien trouver une posture après qu'une « opération Medusa » se soit terminée par la mort d'une petite fille. Cette ritournelle d'un goût douteux fut reprise en chœur par tant de monde... Nous l'avons tous entendue, elle ne parle pas d'un tir policier. Elle dit seulement : « Mawda fut la victime des passeurs. » Ignoble – le mot est pesé –, Bart De Wever proposa un couplet supplémentaire [...] : « Même si la mort d'un enfant est tragique, il faut oser parler de la responsabilité des

1 Suite à des accords passés entre Londres et Paris et au démantèlement de la très mal nommée « Jungle de Calais », de plus en plus de migrants ont transité par la Belgique. En septembre 2018, le Premier ministre belge, Charles Michel, avait rencontré la Première ministre du Royaume-Uni, Theresa May, afin de trouver un accord de coopération entre les deux pays pour « gérer la migration de transit » : Belga, 19/09/2018, <https://www.rtbf.be/info/belgique/detail_charles-michel-cherche-du-soutien-aupres-de-theresa-may-pour-gerer-la-migration-de-transit?id=10023607>, consulté le 02/07/2019. Cette rencontre faisait suite à des démarches déjà entamées en février par Jan Jambon et Theo Francken auprès de la ministre britannique de l'Intérieur, Amber Rudd : Belga, 27/02/2018, <https://www.lesoir.be/142450/article/2018-02-27/la-belgique-et-le-royaume-uni-sunissent-pour-lutter-contre-la-migration-de >, consulté le 03/07/2019.

parents (de Mawda). » Notre enquête raconte une autre histoire : celle d'un tir policier qui n'aurait jamais dû se produire, mais aussi celle des réactions institutionnelles chaotiques et problématiques qui s'ensuivirent[1].

Concernant la poursuite proprement dite, qu'il relate avec une surprenante précision chronométrique[2], Bouffioux attire l'attention du lecteur sur un élément de « bon sens » qui invalide toute possibilité de « course-poursuite », vocable qui s'est pourtant imposé à l'opinion publique et qui n'a cessé d'être utilisé dans toute la presse mais aussi, et c'est plus grave, par les représentants du monde judiciaire.

Michel Bouffioux :
On nous a parlé d'une course-poursuite menée « en pleine nuit, à toute allure, sur l'autoroute », renvoyant à un certain imaginaire collectif, à une représentation déformée de la réalité liée à des œuvres de fiction : quel film policier ne comporte-t-il pas sa scène de poursuite endiablée durant laquelle des héros sans peur flirtent avec la mort pour rattraper des bandits? « Le chauffeur de la fourgonnette a pris des risques inconsidérés pour échapper aux forces de l'ordre. Il risque gros [...]. Il a utilisé la camionnette comme une arme », a-t-on pu lire. « À toute allure », vraiment? L'utilitaire était en surcharge – près de 30 personnes à bord – et d'emblée les agents qui se trouvaient à ses trousses purent constater que les fuyards étaient dans l'impossibilité de semer les véhicules de police, bien plus rapides. Une inspectrice qui participa à la poursuite a déclaré avoir fait le constat suivant dès le tout début de la

1 Engel Vincent et Bouffioux Michel, *op. cit.*, p. 90-91.

2 On aurait aimé qu'il cite ici ses sources, mais on comprend qu'il ne le puisse pas.

prise en chasse : « La camionnette ne sait pas rouler à plus de 100 km/h, le véhicule est chargé à bloc[1]. »

Dans la foulée, Bouffioux invalide aussi la version cristallisée autour de l'expression « échange de tirs », sur base de laquelle l'hypothèse de la légitime défense des policiers avait pu être suggérée par ces derniers puis reprise par les autorités judiciaires afin de justifier le tir.

> Michel Bouffioux :
> À entendre le récit judiciaire qui a été fait de cette affaire, on se serait cru dans *Fast and Furious*, avec des pneus qui crissent et des truands venus d'ailleurs. En vérité, le scénario de cette course-poursuite un peu lente ne conviendrait même pas pour une série policière à faible budget. La camionnette des migrants n'était pas un bolide équipé de mitrailleuses mais un utilitaire qui ne parvenait pas à accélérer. Il n'y avait pas d'hommes armés parmi les fuyards, pas de gros bras équipés de « kalach » qui voulaient buter des policiers. Les seules « armes » utilisées à un moment de la poursuite furent des effets personnels jetés par une vitre arrière, par exemple une paire de chaussures ou un sac de couchage, pour tenter, piètrement, désespérément, de ralentir les poursuivants. Roulant à une distance de sécurité largement suffisante, les policiers parvinrent à échapper à ces « mines » placées sur leur route[2].

Enfin, Bouffioux se livre à la déconstruction critique de ce qu'il a appelé « la pure fiction policière de l'enfant-bélier[3] ».

1 Engel Vincent et Bouffioux Michel, *op. cit.*, p. 93-94.

2 *Ibid.*, p. 94.

3 *Ibid.*, p. 108.

Il commence par relayer trois témoignages, l'un de première main, puisqu'il s'agit de celui de la mère de Mawda, les deux autres se basant sur le visionnage des photographies du cadavre de Mawda.

> La mère de Mawda :
> Mawda avait une blessure ouverte près du nez qui n'était pas présente avant le tir et elle perdait beaucoup de sang[1].

> L'avocate de la famille Shawri et Le procureur du Roi :
> Il ne faut pas être médecin pour dire que la petite a été tuée d'une balle dans la tête[2].

Comment comprendre qu'on en soit arrivé à la thèse de l'enfant-bélier, alors que la triste réalité de la mort par balle s'imposait logiquement à partir du moment où personne n'a jamais contesté le fait qu'il y avait eu tir ?

Selon Bouffioux, « ce *modus operandi* fut en réalité la seule hypothèse d'enquête proposée aux autorités judiciaires par l'officier de police de la zone de Mons-Quévy » dépêché sur les lieux du drame afin d'y récolter les premiers éléments d'enquête. Cet officier rédigea en effet un premier procès-verbal où l'on pouvait lire ceci[3] :

> Michel Bouffioux (citant le Policier auteur du proces-verbal) :
> Selon les informations recueillies et nos constatations, les faits se seraient déroulés comme suit : on transporte des personnes en situation illégale dans une camionnette.

---

1 *Ibid.*, p. 108-109.

2 *Ibid.*, p. 108.

3 Comment Michel Bouffioux a-t-il eu accès à ce premier PV ? Ici, il me semble crucial pour le lecteur de pouvoir vérifier la fiabilité des sources.

> On est pris en chasse par la police car on tente de se soustraire au contrôle. Au cours de la poursuite [...] on brise des fenêtres avec la tête d'un enfant et on fait mine de la jeter sur les véhicules de police. Les coups occasionnés à l'enfant (*sic*) entraînent un traumatisme crânien et le décès de l'enfant[1].

Or, Michel Bouffioux affirme que sa contre-enquête (on présume qu'il a interviewé certains des policiers présents) révèle que cette thèse ne reposait sur aucun témoignage des policiers présents lors du bris de la vitre arrière du véhicule (lequel est le seul « fait » avéré).

> MICHEL BOUFFIOUX (EN SON NOM PROPRE) :
> Le témoignage le plus précis de l'un des agents disait ceci : « Sans savoir vous donner l'heure, je constate qu'une des personnes se trouvant à l'arrière de la camionnette casse la vitre gauche à l'aide d'un pied-de-biche[2]. »

Avec Michel Bouffioux, il faut dès lors oser poser cette question : « Comment un pied de biche s'est-il transformé en tête d'enfant[3] ? » Selon lui, l'hypothèse la plus vraisemblable est que le policier auteur du procès-verbal, prenant conscience de la bavure d'un de ses collègues, aurait tenté de le couvrir en inventant, à partir d'éléments épars, une version qui innocentait ce dernier. En déplaçant la culpabilité sur les migrants eux-mêmes et en mettant un tel coup de projecteur sur l'aspect monstrueux de ces derniers, l'élan d'indignation ainsi suscité

1 ENGEL Vincent et BOUFFIOUX Michel, *op. cit.*, p. 110.

2 *Ibid.*, p. 111.

3 *Ibid.*

ne laissait plus de place à un quelconque désir d'aller fouiller dans les zones d'ombre de l'affaire.

Par ailleurs, il faut ici souligner que le reste de la presse a souvent amalgamé cette hypothèse de « l'enfant-bélier » avec celle de « l'enfant-bouclier ». En effet, la thèse générale des enfants brandis aux fenêtres esquissée dans l'article du *Soir* a été reprise par d'autres journaux pour rendre compte de l'affaire Mawda. Ainsi par exemple, dans une dépêche de l'agence de presse Belga, on a pu lire la description suivante :

> SUDINFO ET L'AGENCE BELGA :
> Depuis l'habitacle, les occupants n'ont pas hésité à lancer divers objets sur les véhicules de police. Ils ont même sorti par la fenêtre la petite Mawda. La scène est glaçante : les policiers se rendent en effet compte que les migrants menacent de lancer l'enfant sur les véhicules qui les poursuivent, dans l'espoir de faire s'éloigner les forces de l'ordre[1].

On a bien là affaire à la fabrique d'une pure fiction journalistique, avec un embrayeur de récit (« la scène est glaçante »), qui est aussi censé susciter la réaction émotionnelle adéquate : l'effroi et le dégoût des lecteurs pour ces migrants, que le récit de fiction a transformés en monstres. L'inversion des valeurs et des positions des différents actants de l'affaire ne s'arrête pas là. Non content d'avoir transformé en bourreaux les migrants victimes du tir policier, le journaliste transforme aussi les policiers, dont l'un est l'auteur de l'homicide, en témoins passifs d'un drame dans lequel ils n'auraient eu aucune responsabilité :

---

1 BELGA, 17/05/2018, <https://www.sudinfo.be/id54682/article/2018-05-17/course-poursuite-sur-la-e42-la-petite-mawda-2-ans-perdu-la-vie-lors-du-transfert >, consulté le 03/07/2019.

> Sudinfo et l'Agence Belga :
> Un enfant est cependant dans un état critique : son visage est tuméfié de sang. Les policiers reconnaissent la petite fille, c'est celle qui avait été exhibée lâchement par les occupants de la voiture.

Il me semble important de souligner que le ton de l'ensemble de ce texte, qui est censé être une dépêche de presse générale et donc neutre, est au même diapason que le récit de l'affaire proposé par *Le Peuple*, bimestriel dirigé par Mischaël Modrikamen, le président d'un parti d'extrême droite au caractère xénophobe avéré. En effet, *Le Peuple* – dont le slogan est « au service de la Vérité » (*sic*) – ne fait que pousser la mise en fiction un cran plus loin, ce qui apparaît dès le choix du titre : « Course-poursuite à Maisières : une enfant volontairement sacrifiée[1]. » Le processus de fictionnalisation se prolonge dans la description suivante, dont il faut souligner la visée d'effet de réel :

> Le Peuple :
> Un des occupants s'est servi de Mawda pour briser la vitre par laquelle elle a été tendue à l'extérieur de la camionnette en pleine course. L'enquête établira qui est l'auteur de cet horrible crime : un des Kurdes ? Un des passeurs ? Et qu'attend la communauté internationale pour s'en prendre enfin aux trafiquants d'êtres humains ? On les connaît : pourquoi les laisser agir ?

En résumé, deux questions : *primo*, la déconstruction critique de Michel Bouffioux a montré la *cohérence généalogique* de l'hypothèse de l'enfant-bélier, élaborée à partir de la mention

---

1 *Le Peuple*, <http://lepeuple.be/course-poursuite-a-maisieres-une-enfant-volontairement-sacrifiee/90062>, consulté le 12/05/2019. Ce site n'existait plus en 2023.

d'un « pied de biche ». Mais comment la presse, tout comme la magistrature, ont-elles pu la relayer alors qu'elle est *totalement absurde*? Il n'y a en effet aucune *cohérence logique* à postuler que quiconque puisse considérer la tête d'un enfant comme un outil adéquat pour briser une vitre. *Secundo*, un bouclier est un artefact qui encaisse les coups à la place de l'humain qui le brandit pour se protéger d'un danger extérieur. Comment ne pas voir un présupposé raciste, voire déshumanisant, dans l'hypothèse d'une mère capable de « brandir » par la fenêtre son enfant, transformé en objet passif, pour se protéger elle-même?

Je terminerai ce premier coup de sonde au sujet des positionnements si contrastés des journalistes sur cette affaire en relevant des collusions pour le moins troublantes. Comme je l'ai déjà dit, il est inquiétant qu'une agence de presse rédige une dépêche comme s'il s'agissait du synopsis d'un film de fiction et qu'elle se rapproche ainsi de la rhétorique utilisée par un hebdomadaire clairement engagé dans une ligne xénophobe. On peut aller plus loin. La photographie qui illustre l'article du *Soir*, dont j'ai montré combien elle ne pouvait qu'orienter l'interprétation du lecteur en faveur de l'hypothèse de policiers à pieds agressés par une camionnette fonçant sur eux et n'ayant plus d'autre choix que de tirer en état de légitime défense, ressemble étrangement à la photographie qui illustrait un article de 2016 du journal *La Meuse*, qui avait fait scandale à l'époque :

> La Meuse :
> Invasion de migrants : la côte belge menacée[1].

Tel était le titre choc de l'article en question, assorti d'une photographie où l'on voyait à l'avant-plan un policier en uniforme debout et de dos faisant face à des migrants, lesquels

---

1 Association des Journalistes professionnels, <http://www.ajp.be/en-octobre-au-cdj-3-plaintes-fondees>, consulté le 12/07/2019.

étaient flous et situés plus en arrière-plan que sur la photo du *Soir*. Sur la photo de *La Meuse*, les migrants, au nombre de trois, semblaient s'avancer en direction du policier et passer sous un panneau signalant « France ». Ils étaient donc représentés comme des « transmigrants » désireux de traverser la Belgique, mais devant, pour ce faire, affronter la solide carrure du policier qui leur faisait face, secondé par le sous-titre suivant : « 290 policiers supplémentaires vont patrouiller à la frontière tous les jours. »

Selon un recensement effectué par l'AJP, l'association des journalistes professionnels, 1 008 plaintes avaient été déposées à cause de cet article contre *Sudpresse*, le groupe auquel appartient le journal *La Meuse*, en invoquant le motif de l'incitation à la haine[1]. Or *Sudpresse* appartient au groupe de presse Rossel, tout comme *Le Soir*. Pur hasard ? Piochage malheureux dans une banque de données photographiques, où l'introduction des mots-clés « migrants » et « policiers » amènerait à trouver des images similaires ? Ou au contraire stratégie volontaire du groupe Rossel, visant à décliner selon de multiples formats d'édition un même type d'information au sujet des migrants ? Il est bien entendu impossible de trancher avec certitude. Mais une chose est sûre : l'image de policiers protégeant des migrants ou leur venant en aide – leur fonction première n'est-elle pas d'assurer la sécurité de toutes et tous ? – semble quant à elle *introuvable* dans la presse belge…

1 *Ibid.*

Paroles de Magistrats

La première prise de parole officielle émanant du monde judiciaire fut celle du substitut du procureur du Roi du parquet de Mons, interrogé par une journaliste de la principale télévision belge francophone (RTBF) le lendemain de la mort de Mawda :

> Le substitut du procureur du Roi du parquet de Mons :
> Une autopsie doit être pratiquée fin de cet après-midi pour déterminer les causes du décès. On peut déjà exclure une blessure par balle qui viendrait des armes des policiers[1].

On notera d'emblée la contradiction entre les deux phrases de cette déclaration : comment est-il possible d'exclure l'une des causes possibles du décès avant même qu'ait eu lieu l'autopsie censée la déterminer ?

Vingt-quatre heures plus tard, l'autopsie révèle que Mawda est décédée d'une balle dans la joue. Le même substitut, contraint par l'autorité de l'acte technique, tient alors les propos suivants :

> On s'est basé sur un rapport, effectivement, d'un service d'urgence qui a fait cette constatation et a transmis une information à la zone de police intervenue et cette zone de police a pris contact avec le magistrat. Ce magistrat a eu comme information première qu'on pouvait exclure ce genre de chose. Maintenant, l'autopsie, justement, était destinée à connaître la cause de la mort et d'où son utilité.

---

1 RTBF, 18 mai 2018, <https://www.rtbf.be/article/course-poursuite-sur-l-e42-la-fillette-kurde-a-ete-tuee-par-une-balle-perdue-9921322>, consulté le 12/07/2019. Les retranscriptions écrites des paroles du substitut du procureur du Roi sont miennes.

On notera l'accumulation de termes désignant des fonctions qui anonymisent les individus qui les occupent : « service d'urgence », « zone de police » et « magistrat », sans qu'il soit d'ailleurs très clair pour l'auditeur de savoir si le substitut du procureur se désigne indirectement lui-même en usant de la troisième personne ou s'il fait référence au magistrat de garde cette nuit-là. On soulignera aussi le flou artistique de l'expression « ce genre de chose » pour désigner la mort par balle. Flou généralisé qui témoigne du malaise du magistrat, lequel n'affirme jamais clairement que le tir policier est désormais la cause la plus probable du décès de Mawda.

La journaliste tire alors la conclusion qui s'impose à partir des prémisses involontairement posées par le substitut :

> LA JOURNALISTE :
> Hier vous disiez qu'il y avait eu échange de tirs de la part des policiers vers la camionnette et pas le contraire, c'est donc *forcément* une balle de policier.
>
> LE SUBSTITUT DU PROCUREUR DU ROI :
> Non, ça… maintenant les choses doivent être vraiment vérifiées… est-ce qu'il y a eu des tirs qui n'ont été que dans un sens et peut-être dans l'autre, l'enquête va devoir franchement déterminer s'il y a eu échange de tirs ou uniquement ce tir ou ces tirs vers la camionnette.

Le magistrat s'embourbe, ses propos sont de plus en plus déstructurés. Tel un cri du cœur échappé malgré lui, c'est le « non ! » qui donne la tonalité de toute sa réponse : sa position est celle du refus le plus catégorique d'envisager, ne serait-ce qu'à titre d'hypothèse, que la balle du policier ait pu tuer la fillette. On notera aussi le rappel par la journaliste de son usage d'un curieux oxymore : celui d'un « échange de tirs » unilatéral. Car si le tir fut « unilatéral », cela veut bien évidemment dire qu'une seule des deux parties a tiré et qu'il n'y a donc pas pu y avoir d'« échange ». Et comme seul le tir policier en direction de la camionnette est avéré, aucun des migrants n'a donc tiré sur la voiture de police.

Lors du journal parlé de RTL info du 18 mai 2018, la présentatrice évoque l'hypothèse du « bouclier humain » tout en laissant le soin d'expliciter de quoi il s'agit à une autre journaliste, présente sur les lieux de « l'accident ». Cette dernière parle « d'une technique parfois utilisée par les passeurs » et cède à son tour la parole au substitut du procureur du Roi :

> Le substitut du procureur du Roi :
> C'est peut-être une technique effectivement utilisée par les passeurs pour dissuader les policiers d'intervenir et mettre fin aux poursuites. On sait que certaines poursuites, en tout cas dans la région, ont parfois été interrompues, parce qu'il y avait mise en danger tant des personnes qui étaient à l'intérieur que des autres usagers. Ici nous sommes quand même en pleine nuit, il y avait donc beaucoup moins de véhicules[1].

Puisqu'il n'est pas possible d'imputer des tirs aux migrants pour justifier qu'un « échange de tirs » ait eu lieu, le magistrat s'accroche à la perche ainsi tendue. La trentaine de migrants présents dans la voiture disparaît alors, absorbée par la figure-écran des passeurs-trafiquants rompus à toutes les techniques pour faire entrave au travail de la police. L'air de rien, le magistrat utilise cette figure-écran pour faire indirectement l'éloge des policiers de sa région : afin d'éviter de mettre en péril les migrants – notons-le : ils sont les premiers cités

1 Zin TV. Média d'action collective, 29/01/2019, <https://zintv.org/video/mawda-ou-en-est-lenquete-2>, à partir de la minute 04'14, consulté le 12/07/2019.

comme objets de la prévoyance policière ! – tout autant que les autres usagers de la route, les policiers montois ont par le passé parfois dû renoncer à de telles poursuites. Pourquoi pas cette fois-ci ? Parce qu'il faisait nuit « et qu'il y avait donc beaucoup moins de véhicules ».

Cette explication laisse songeur et pourrait conduire à se poser les questions suivantes : si les policiers ont tiré de nuit sur la camionnette des migrants, est-ce que cela signifie qu'en réalité, le sort de ces derniers leur importait peu, leur seul souci étant de ne pas mettre en danger d'autres usagers de la route supposés, entre les lignes, être des citoyens belges ? Y aurait-il donc deux poids, deux mesures pour les garants de l'ordre public, les vies des migrants valant *moins* que celles des citoyens belges ? Qui plus est, même de nuit, les routes ne sont jamais désertes et le risque zéro n'existe pas. Pourrait-on dès lors aussi penser que certains policiers, dont le devoir est de veiller sur la population et de la protéger, seraient prêts à compter leurs concitoyens parmi les « dommages collatéraux » de leurs opérations ?

Il faut aussi souligner que le policier auteur du tir n'a été inculpé que le 18 décembre 2019, soit plus d'un an et demi après les faits, alors qu'il n'a jamais nié avoir posé cet acte[1]. La raison officiellement invoquée : les expertises balistiques n'ont pas permis de déterminer si son tir avait été volontaire ou non. Ceci ne peut manquer de nous surprendre : l'action judiciaire la plus évidente, dans le cas d'un homicide dont l'auteur est connu, n'est-elle pas d'inculper ce dernier en vue d'instruire son procès, lequel aura précisément pour but d'établir si oui ou non, il doit être tenu pour responsable de son acte et jugé coupable ? En quoi la seule expertise balistique – un geste purement

1 Rtbf, 29/01/2020, <https://www.rtbf.be/article/affaire-mawda-le-policier-auteur-du-coup-de-feu-inculpe-pour-homicide-involontaire-10419491>, consulté le 30/01/2020.

technique – aurait-elle vocation à se substituer à une procédure judiciaire ?

Le trouble s'accroît lorsqu'on sait que, par ailleurs, le chauffeur présumé de la camionnette, un homme de nationalité irakienne, avait été arrêté au Royaume-Uni quelques mois seulement après les faits, le 25 juillet 2018. Il avait été directement mis en prison, après que la juge d'instruction belge ait lancé contre lui un mandat d'arrêt européen. Puis, il avait été extradé vers la Belgique en avril 2019, après plus de huit mois d'emprisonnement au Royaume-Uni. L'on ne peut donc ici que constater la mise en œuvre d'une logique du « deux poids, deux mesures ». Protection de la police et racisme institutionnel ? Il est en tout cas certain que la responsabilité de la mort de Mawda fut d'emblée imputée à l'attitude du chauffeur[1]. Écoutons par exemple le procureur du Roi du parquet de Mons s'exprimant à l'occasion de l'arrestation du chauffeur à l'antenne de la télévision néerlandophone (VRT) :

> Le procureur du Roi du parquet de Mons :
> S'il apparaît que l'homme était bien le chauffeur de la camionnette, il sera tenu pour responsable du décès[2].

1 Il est à noter que ce chauffeur avait été mis en cellule par la justice belge avec tous les passagers de la camionnette, en ce compris les parents de Mawda et son petit frère, puis relâché comme eux après 24 h, ce qui prouve qu'on faisait bien la chasse aux migrants et pas aux passeurs.

2 *La Libre Belgique*, 30/07/2018, <https://www.lalibre.be/belgique/arrestation-du-chauffeur-de-la-camionnette-de-mawda-les-avocats-des-parents-et-du-policier-sont-sceptiques-5b5ef8d855324d3f13a7773b>, consulté le 13/07/2019. Tous les éléments du dossier tendent pourtant à montrer que ce chauffeur n'était qu'un intermédiaire, et certainement pas la tête pensante du réseau de passeurs. La juge chargée d'instruire l'enquête fut dans les faits plus nuancée, puisqu'elle avait demandé son extradition pour pouvoir procéder à une reconstitution des faits, laquelle a eu lieu le 6 juin 2019, en présence du père de Mawda, du chauffeur et du policier. Ce dernier n'a pas eu le temps d'exposer sa version, raison pour laquelle la suite de la reconstitution avait été postposée en septembre 2019.

L'affirmation est grave. Voici qu'à nouveau, un magistrat dans l'exercice de sa fonction (c'est lui qui chapeaute l'enquête sur le délit de fuite et le tir mortel), escamote totalement la responsabilité évidente du policier (c'est tout de même sa balle qui a tué Mawda!) et justifie par sa prise de parole ce qu'il convient désormais de nommer une justice à deux vitesses : le policier belge auteur incontesté du tir est en liberté, tandis que l'Irakien, chauffeur présumé de la camionnette, est quant à lui incarcéré depuis un an. Pour ultime preuve, citons les termes exacts dans lesquels le procureur s'est exprimé : « Pour moi, il y a deux fautes : le tir du policier et la conduite folle du chauffeur (du véhicule poursuivi), sans laquelle il n'y aurait pas eu de tir[1]. » Si le délit de fuite est un fait incontestable, dont la responsabilité incombe effectivement au chauffeur qui doit être jugé afin d'en répondre, qualifier de « folle » la conduite de ce dernier masque la véritable « folie » : celle d'un policier qui, quelques minutes à peine après s'être joint à la prise en chasse de la camionnette, a délibérément choisi de tirer, alors que son coéquipier a affirmé qu'ils savaient qu'elle contenait des migrants. Les mots du Procureur font donc apparaître comme « normal » le tir du policier, comme s'il s'agissait de la réponse « logique » à la « folle » action du conducteur.

Les prises de parole des deux magistrats me semblent donc pécher par rapport aux principes qui devraient être au fondement de la logique judiciaire : cohérence de l'argumentation et respect du principe de non-contradiction (ou, *ad minima*, reconnaissance du fait que deux positions contradictoires ont été soutenues) ; devoir de réserve ; impartialité et équité. Mais le plus troublant est que ces manquements à la logique la plus élémentaire ne se limitent pas aux prises de paroles de deux individus (certes, dans l'exercice de leur

1 *24 heures*, Suisse, 16/05/2019, <https://www.24heures.ch/monde/Les-parents-de-la-petite-Mawda-reclament-justice/story/25112596>, consulté le 13/07/2019.

fonction). Ils apparaissaient déjà dans l'énoncé objectivé des motifs de la mise en instruction de l'affaire : « entrave à la circulation, homicide volontaire, rébellion armée et traite des êtres humains ».

Le second et le troisième motif posent particulièrement question : qui aurait voulu tuer Mawda volontairement ? Ce second motif est-il sous-tendu par l'hypothèse de « l'enfant-bouclier » ? Auquel cas, ce sont les migrants qui auraient délibérément exposé l'enfant au tir de balle. Ou suppose-t-il que les policiers ont tiré avec l'intention délibérée de donner la mort (même si sans doute pas à une enfant) ? L'énoncé de ce second motif est donc problématique, en ce qu'il semble outrepasser le seul constat de faits demandant à être instruits. Quant au troisième motif, en tant que simples citoyens, nous ne disposions à ce stade d'aucun élément permettant de dire qu'il y aurait eu « rébellion armée » de la part des migrants. Même s'il est évident que la juge d'instruction pouvait disposer de témoignages et d'éléments qui n'étaient pas connus du grand public, il est tout de même étonnant que le rapport du Comité P (la police des polices), qui est quant à lui consultable et qu'on examinera par la suite, ne mentionne pas d'élément allant dans ce sens.

Un an après l'affaire, en date du 17 mai 2019, le procureur général du parquet de Mons a souhaité réagir dans le journal *Le Soir* à une carte blanche publiée la veille dans *La Libre Belgique* par Martin Vander Elst, doctorant en anthropologie à l'UCL et membre actif du comité Mawda, qui pointait précisément le fait que le policier n'avait toujours pas été inculpé[1].

1 Vander Elst Martin, 16/05/2019, <https://www.lalibre.be/debats/opinions/mawda-une-enfant-tuee-la-verite-escamotee-reaction-du-procureur-general-de-mons-5cdc1f1bd8ad586a5a147988>, consulté le 14/07/2019.

> Le procureur du Roi du parquet de Mons :
> Il est prématuré de tirer des conclusions ou un parti pris des autorités judiciaires sur l'absence d'inculpation du policier auteur du coup de feu. En effet, il reste plusieurs devoirs à accomplir dont notamment une reconstitution. Il appartiendra au magistrat instructeur d'apprécier, à l'issue de ceux-ci, si d'autres inculpations se justifient. Quand bien même aucune autre inculpation ne serait décidée par le juge d'instruction, le parquet garde le droit de demander aux juridictions d'instruction et sous leur contrôle, le renvoi de toute personne, dont le policier, devant une juridiction de fond. Il est dès lors inexact et déplacé d'affirmer que « le procureur général de Mons voudrait faire de l'inculpation du chauffeur l'acte final » de ce que l'auteur de la tribune qualifie de « fiction policière »[1].

Le procureur commence par rappeler que l'affaire est entre les mains d'une juge d'instruction agissant à charge et à décharge et non sous la responsabilité du parquet de Mons. Il se dédie donc de toute responsabilité directe. Puis, il justifie la non-inculpation du policier par la nécessité de procéder préalablement à une reconstitution des faits. Si cette dernière est présentée comme étant « l'un des devoirs » à accomplir, parmi d'autres, il semble néanmoins qu'elle constitue aux yeux du Procureur du Roi un élément crucial dans l'appréciation des faits par la juge d'instruction. La volte-face est ensuite extraordinaire : le procureur ose qualifier « d'inexacte » et de « déplacée » la conclusion logique – voire, la répétition à la lettre – de ses propres paroles! Car affirmer que « s'il apparaît que l'homme était bien le chauffeur de la camionnette, il sera tenu

1 De la Serna Ignacio, 17/05/2019, <https://plus.lesoir.be/224902/article/2019-05-17/carte-blanche-sur-laffaire-mawda-il-est-premature-de-tirer-des-conclusions-sur>, consulté le 14/07/2019.

pour responsable du décès », cela revient bien, en pratique, à « vouloir faire de l'inculpation du chauffeur l'acte final ».

Le procureur revient ensuite sur les affirmations contradictoires de son substitut.

> Le procureur du Roi du parquet de Mons :
> Il est vrai qu'une erreur de communication a été commise par le parquet de première instance de Mons lorsqu'il a été dit qu'on pouvait exclure une blessure par balle venant des policiers. Des explications ont été fournies quant à l'origine de cette erreur et, en tout état de cause, celle-ci a été rectifiée. Il est vain de vouloir absolument y déceler une volonté d'orienter l'enquête indépendante menée actuellement. Il est dès lors étonnant que l'auteur, se fondant exclusivement sur des écrits ne rassemblant que des informations fragmentaires d'un journaliste, conclut à une enquête partiale visant à protéger le policier, alors que cette enquête n'est pas terminée et qu'il n'a pas eu accès aux multiples pièces du dossier dont notamment, les auditions, les confrontations et les rapports d'expertise. Ce faisant, la méfiance que prétend dénoncer l'auteur de la tribune est en réalité créée et alimentée par la méconnaissance des institutions judiciaires et la désinformation dont il fait preuve[1].

« Erreur de communication » est un doux euphémisme pour désigner la pratique systématique de la contradiction performative par son substitut et son manque d'information criant, contribuant à propager la désinformation parmi l'opinion publique. Stigmatisant le fait que Martin Vander Elst se fonde sur la contre-enquête de Michel Bouffioux,

1 *Ibid.*

le procureur du Roi balaie l'accusation de racisme institutionnel sous-jacente à la carte blanche comme relevant d'un « pur procès d'intention dénué de tout fondement contribuant à clouer la justice au pilori et tromper l'opinion avant même qu'un débat contradictoire ait pu avoir lieu devant un juge de fond[1] ».

Même si les affirmations de Martin Vander Elst étaient volontairement provocatrices, comment ne pas questionner la logique sous-jacente aux propos de ce magistrat ? Encore une fois, la logique d'une instruction judiciaire n'est-elle pas de partir des faits (l'enfant est morte tuée par balle) pour ensuite procéder à l'inculpation de toutes les personnes contre lesquelles reposent des indices de culpabilité ? Dès lors, le policier auteur du coup de feu aurait dû être directement inculpé, ce qui, répétons-le, ne revenait pas à le considérer *de facto* comme étant coupable, mais à entamer une procédure visant à évaluer sa responsabilité puis à statuer sur son éventuelle culpabilité. Et si la reconstitution était un élément tellement crucial, comment expliquer que le chauffeur de la camionnette ait quant à lui été emprisonné, avant même qu'elle n'ait eu lieu ? S'il est effectivement délicat d'affirmer que le substitut ou le Juge aurait délibérément tenté de couvrir le policier (la contre-accusation de procès d'intention est toujours facile dans ces cas-là), il est par contre légitime de parler *ad minima* d'incohérence dans le traitement de cette affaire. *Où la consistance logique doit retrouver la place éthique qui est la sienne en matière de justice.*

Cette consistance logique de la justice, il est cependant une personne qui l'a réclamée sans relâche : Maître Selma Benkhelifa, l'avocate de la famille Shawri. On soulignera ainsi que, dans ses prises de parole publiques, elle n'invoque aucun « grand principe » ni aucune valeur transcendante du type des

1 *Ibid.*

droits de l'homme. Elle se réfère plutôt à ce qu'on pourrait appeler la *nécessité de la consistance logique du fonctionnement judiciaire*. J'en prendrai pour exemple ses prises de position publiques concernant le processus de régularisation de la famille de Mawda, entamé dès qu'elle avait été saisie du dossier. Or, huit mois après le décès de la fillette, cette régularisation n'avait toujours pas été accordée.

> MAÎTRE BENKHELIFA :
> Nous avons introduit le dossier le 28 mai et nous n'avons toujours reçu aucune réponse de l'Office des étrangers. Cela dure très longtemps alors que c'est simple. La famille est toujours dans une situation de non-droit total, dans une sorte de no man's land. Selon la loi, des demandeurs d'asile peuvent être régularisés en cas de circonstances exceptionnelles. Si la mort d'un enfant n'est pas une circonstance exceptionnelle, qu'est-ce qui en est une[1] ?

C'est donc avant tout la situation de « non-droit total » qu'elle dénonce en invoquant la loi, pour ceux-là mêmes qui sont particulièrement fragilisés, ne pouvant plus bénéficier de la protection d'un État-nation digne de ce nom. Cette régularisation a enfin été accordée en décembre 2018 par Maggie De Block (Open-VLD[2]), la secrétaire d'État à l'asile et à la migration ayant succédé à Theo Francken. Le commentaire que livre l'avocate suite à cette décision est une fois de plus très parlant :

---

1 LALLEMAND Caroline, 29/01/2019, <https://www.levif.be/actualite/belgique/le-rapport-du-comite-p-fait-passer-la-mort-de-la-petite-mawda-pour-un-detail-technique/article-normal-1085101.html?cookie_check=1568220387>, consulté le 25/07/2019.

2 Parti flamand libéral démocrate.

Maître Benkhelifa :
Cette régularisation intervient dans la foulée d'une décision du tribunal du travail disant avec force qu'« il n'est pas concevable que les parents de Mawda soient privés d'assister au procès » qui se tiendra un jour, peut-être, en Belgique ; qu'ils sont dans un « cas de force majeure » les empêchant de quitter le territoire et que, par conséquent, ils ont droit à l'aide sociale qui leur avait été refusée jusque-là. Vu qu'un tribunal estime qu'ils ont le droit de rester en Belgique, il en découle un droit d'obtenir des papiers pour y séjourner en règle. C'est ce que nous avons plaidé auprès de la secrétaire d'État à l'Asile et à la Migration en lui transmettant le jugement. Si le gouvernement ne revoyait pas sa position, nous étions en mesure de faire condamner l'État belge[1].

Ici encore, l'avocate précise que la régularisation ne constitue en rien un « beau geste » éthique de la part du gouvernement, mais qu'elle est « le fruit d'un processus juridique »[2]. À la suite de Hannah Arendt en son temps, Maître Benkhelifa constate donc que l'éthique et la référence aux droits de l'Homme ne suffisent plus. C'est le respect de la cohérence juridique qui constitue à ses yeux le seul rempart qui tienne pour défendre en situation les droits des migrants. Je souligne ici l'intérêt de cette perspective, qui, du point de vue de l'efficacité pratique, valorise ce qu'il me semblerait quant à moi intéressant de nommer une éthique *a posteriori* (de second degré) de la consistance logique, par rapport à

1 Bouffioux Michel, *Paris Match*, 07/03/2019, <https://parismatch.be/actualites/societe/246206/lavocate-des-parents-de-mawda-accuse-letat-porte-la-responsabilite-morale-de-ce-qui-sest-passe>, consulté le 25/07/2019.

2 *Ibid.*

une éthique *a priori* des valeurs et des normes, basée sur l'abstraction des droits humains.

Dans les débats actuels au sujet de ces droits, de leur nom même (« de l'Homme », « de l'homme » ou « humains »?), de leur légitimité compte tenu de leur généalogie (droits à prétention universelle qui ne seraient que ceux du bourgeois propriétaire selon Marx ou encore ceux de l'homme blanc occidental d'après la critique décoloniale), de leur abrogation, de leur adaptation ou de leur transformation, la mise en comparaison différentielle d'une éthique qui les prendrait pour principes avec l'éthique de la consistance logique serait importante à prendre en considération, et ce, qu'on les envisage du point de vue de leur efficacité concrète ou depuis une perspective strictement théorique.

En effet, depuis le procès de Socrate, il existe toute une histoire de l'éthique de la consistance logique, qui n'est pas uniquement celle d'arguments et de discours, mais englobe la totalité complexe de *chaque* vie humaine. D'après le Socrate de l'*Apologie* de Platon, relayé ensuite par celui de Hannah Arendt[1], si l'on brisait ne serait-ce qu'une seule fois cette consistance logique de notre existence, cela la rendrait toute entière absurde et donc invivable, même si l'enjeu était d'échapper à la mort. Je rappellerais aussi qu'Alain Badiou, à la suite de Georges Canguilhem, évoque l'exemple de Jean Cavaillès, philosophe et mathématicien engagé dans la Résistance pour des raisons de cohérence logique. Selon eux, c'est sa pratique de logicien qui aurait conduit Cavaillès à considérer la Résistance comme une nécessité inéluctable, et non une quelconque norme de moralité[2]. De même, il me semble qu'on peut voir en Maître Selma Benkhelifa une avocate résistante parce qu'elle défend la

---

1 Arendt Hannah, *La vie de l'esprit*, Paris, PUF, [1978], 2005.

2 Voir Badiou Alain, *Abrégé de métapolitique*, Paris, Seuil, 1998, p. 9-17.

consistance et la cohérence logiques des instances judiciaires, ce qui lui permet de continuer à les investir de signification et de mener une existence humaine à ses yeux digne de ce nom.

Le rapport de police du Comité P

En date du 24 mai 2018, le Comité P (l'organe de contrôle de la police) a décidé d'ouvrir une enquête interne concernant « les circonstances de la poursuite et de l'interception d'un véhicule qui ont abouti à l'incident de tir du 17 mai 2018 à Mons[1] ».

Il vaut la peine d'analyser la manière dont ce comité construit son objet d'enquête. Tout d'abord, « incident de tir » est le vocable choisi pour désigner l'homicide de Mawda.

> Maître Benkhelifa :
> Derrière des termes abscons, on noie la question centrale du dossier, qui est qu'une petite fille de deux ans est morte[2].

En effet, pas une seule fois dans les cinquante-neuf pages de ce rapport, on ne trouvera les mots « Mawda », « enfant », « fillette », ni même « mort ». En lieu et place, encore et toujours : « incident de tir ». Si cette expression masque totalement la réalité de l'homicide, elle dit encore autre chose sur l'évaluation de ce fait caché : elle décide *a priori* que cet homicide était un « incident », c'est-à-dire, selon le dictionnaire, « un fait ou un événement de caractère secondaire, généralement fâcheux, qui survient au cours d'une action et

---

1 Comité P, 2018, <https://comitep.be/document/onderzoeksrapporten/2019-01-29 %20Mawda %20fr.pdf>, consulté le 03/08/2020.

2 Bouffioux Michel, *Paris Match*, 07/03/2019, *op. cit.*

peut en perturber le déroulement normal[1] ». Par une distorsion criante de la relation de cause à effet, la mort de Mawda est présentée comme un élément perturbateur de ce qui est aussi par là même représenté comme le cours normal d'une action policière.

Examinons maintenant le titre complet du rapport du Comité P : « Les problèmes en matière de communication et de coordination lors d'une poursuite menée le 17/05/2018 qui s'est achevée par un incident de tir à Mons. » On constatera qu'en découpant et en ciblant un événement complexe en sous-catégories d'actions toujours plus déconnectées des enjeux de fond, le Comité P choisit de se concentrer sur une question de nature strictement technique : les liaisons radio entre les voitures de police et avec les centres de communication et d'information externes. Le comité revendique ce choix en le justifiant par la décision par « consensus » de prendre comme « postulat » que « l'enquête de contrôle ne pouvait interférer dans le bon déroulement de l'instruction judiciaire ouverte »[2]. Ce choix s'est traduit par une décision :

> Comité P :
> L'enquête portera sur l'examen de la poursuite menée sur l'autoroute jusqu'au moment de l'incident de tir (celui-ci étant exclu, s'agissant de l'essence même du dossier judiciaire)[3].

Sous prétexte de ne pas empiéter sur le domaine du judiciaire, les membres du Comité P *choisissent* de ne pas se livrer à un exercice de métaréflexion sur l'action et la formation des

1 Larousse, <https://www.larousse.fr/dictionnaires/francais/incident/42245>, consulté le 6/01/2020.

2 Comité P, 2018, *op. cit.*, p. 3.

3 *Ibid.*

policiers. Ils *choisissent* de ne pas se demander pourquoi certains de ces policiers peuvent se sentir justifiés d'user de leur arme à feu dans l'espace public sans être en situation de légitime défense. Ils *choisissent* de ne pas établir de lien entre les consignes des opérations Medusa et les dérapages de ce type. Et ils se contentent de « réparer » d'éventuels dysfonctionnements en édictant des recommandations pour de futures actions, tout en déplorant (ironie du sort) que de précédentes recommandations n'aient pas été respectées dans la présente affaire[1].

Il me semble donc que le Comité P a choisi de se comporter en prenant pour modèle l'intelligence artificielle, c'est-à-dire selon une rationalité strictement instrumentale, plutôt qu'en réfléchissant et en délibérant ensemble, comme on aurait pu l'attendre d'un comité de supervision. Il s'est contenté de vérifier *a posteriori* si les policiers, tels de dociles robots, avaient bien respecté chaque étape de protocoles d'actions préétablis. Un exemple de ce *modus operandi*, fondé sur une stricte technicité pour évacuer tout questionnement de fond, peut être fourni par le genre de questions posées par le Comité P : « Est-ce que la coordination et la direction (rôle du Silver Commander au niveau SICAD, rôle du Bronze Commander parmi les équipes engagées dans la poursuite) de cet événement dynamique ont été menées comme prévu dans la MFO-7[2] ? » *Silver Commander, Bronze Commander*... Encore une fois, on se croirait dans un film de science-fiction. L'accumulation d'acronymes, tout comme les étranges périphrases choisies (« événement dynamique » pour parler de la poursuite de la camionnette !) rendent le propos inintelligible à qui n'aurait pas les codes pour le décrypter.

1 Bouffioux Michel, *Paris Match*, 07/03/2019, *op. cit.* : « Dans un rapport de 2017 (avant le drame donc), le Comité P s'était déjà étendu sur les problèmes qui pouvaient survenir lorsque plusieurs équipes de police chassent le même véhicule. »

2 Comité P, *op. cit.*, p. 3.

Par ailleurs, il faut souligner que la contre-enquête journalistique de Michel Bouffioux met en lumière d'étonnantes taches aveugles dans ce rapport :

Michel Bouffioux :
Le rapport élude forcément des questions cruciales soulevées par les comportements troublants de certains policiers concernés par la gestion de la scène du crime et celle des premiers devoirs d'enquête sur le parking de Maisières, et par essence, il n'étudie pas non plus les dysfonctionnements attribuables à des magistrats[1].

Mais plus troublant encore, certaines de ces impasses concernent des aspects techniques et communicationnels de l'affaire, cruciaux pour en saisir les enjeux[2]. Ceci est d'autant plus étonnant, que, comme on l'a vu, le Comité P avait choisi de centrer son enquête uniquement sur les aspects strictement techniques de l'affaire :

Michel Bouffioux (en son nom propre) :
Dans le cadre de l'instruction en cours, le policier qui a tiré a expliqué qu'au moment de presser sur la détente, il pensait avoir affaire à des bandits agissants dans le cadre d'un « vol cargo »[3].

---

1 Engel Vincent et Bouffioux Michel, *op. cit.*, p. 149-150. Il cite, outre les exemples déjà évoqués, « le parquet alerté par les agents plus de quarante minutes après l'interception de la camionnette, et, initialement, sans mention d'un tir par arme à feu ».

2 *Ibid.*

3 *Ibid.*, p. 153.

Michel Bouffioux (citant la déposition du policier auteur du tir) :

Les seuls contacts que nous avons eus avec le CIC[1], sont pour nous dire où est la camionnette et sa progression. Je n'ai aucun élément qui me fait penser qu'il peut s'agir de migrants[2].

Michel Bouffioux (citant la déposition du policier coéquipier de l'auteur du tir) :

Le CIC nous avait signalé qu'il y avait une camionnette d'illégaux prise en charge par des collègues et qu'il fallait faire attention parce qu'il y avait des illégaux dans l'espace de chargement à l'arrière [...] ma radio était mise à fond, donc on entendait bien ce qui se disait[3].

Seuls les enregistrements des conversations radio entre la voiture de police et le CIC Hainaut pourraient permettre de départager entre ces deux versions contradictoires. Or, voici ce que dit le rapport à ce sujet :

Rapport du Comité P :

Les enregistrements radios et téléphoniques[4], n'ont pas pu être réalisés en raison d'un problème technique[5].

1 Police fédérale de Belgique, *Présentation*, « les onze CIC "centres d'information et de communication" provinciaux, sont opérationnels pour les deux niveaux de police (nb. fédéral et local), tant pour le *call taking* (la prise des appels d'urgence) que pour le dispatching des équipes sur le terrain », <https://www.police.be/5998/fr/a-propos/police-integree/presentation>, consulté le 04/08/2023.

2 Cité par Engel Vincent et Bouffioux Michel, *op. cit.*, p. 153.

3 *Ibid.*, p. 153-154.

4 *Ibid.*, p. 156, point 216 du rapport du Comité P.

5 *Ibid.*, p. 154.

Michel Bouffioux :

Le rapport du Comité P est erroné sur ce point : le dossier d'instruction sur la base duquel le Comité P a rédigé son rapport contient un PV n° 8436/18 rédigé le 26 septembre 2018 qui indique : « Si le CIC Hainaut n'a pas pu nous donner les enregistrements radios suite à un problème technique, nous avons en revanche bien reçu les communications téléphoniques. » Et parmi ces communications téléphoniques enregistrées qui, à lire le rapport du Comité P, n'existent pas, il en est une où le dispatcher demande au policier si son tir a quelque chose à voir avec la mort de l'enfant. Il répond : « Ben je ne pense pas, non [...]. Moi, j'ai tiré en direction des roues, je ne pense pas. » Il continue ensuite à s'épancher mais le *dispatcher* l'interrompt. Il dit au tireur : « On est enregistrés [...] moins on en sait, mieux c'est[1]. »

Alors que le choix du Comité P de se focaliser sur les seuls aspects techniques et communicationnels de l'affaire était déjà en soi contestable, il est plus que problématique que ses membres aient décidé de passer sous silence une information aussi révélatrice de tous les problèmes entourant cette affaire, alors même qu'elle relève dudit champ technique préalablement circonscrit.

Envisagé d'un point de vue plus philosophique, le rapport du Comité P touche donc à deux problèmes de fond. Tout d'abord, il met en lumière l'absurdité logique inhérente à tout processus de bureaucratisation. L'expression « l'absurdité logique inhérente à » relève de l'oxymore, et il faut l'expliciter. Je me fonde ici sur les nombreuses analyses que le philosophe Cornelius Castoriadis avait consacrées au phénomène de la bureaucratisation – qu'il qualifiait de « dure »

1 *Ibid.*, p. 156-157.

au sein des sociétés communistes et de « molle » au sein des sociétés capitalistes[1].

> Cornelius Castoriadis :
> La bureaucratie est un appareil de gestion-direction fortement hiérarchisé, où la province de compétence de chaque instance est délimitée, où cette compétence diminue au fur et à mesure que l'on descend l'échelle hiérarchique; où donc il y a une division interne du travail de direction et de commandement. Cet appareil dirigeant s'oppose à une masse d'exécutants, qui théoriquement, en forment la « base » mais qui lui sont en réalité extérieurs[2].

Dans le cas qui nous occupe, la situation absurde qui apparaît comme étant la conséquence « logique » de la parcellisation des compétences est d'abord la contradiction performative selon laquelle l'instance (le Comité P) qui revendique de se limiter à prendre en considération les seuls problèmes techniques et de communication ne prend pas en considération certains d'entre eux, et précisément ceux qui auraient pu *faire sens*. En réalité, ceci obéit à la logique de l'entendement, cette forme partielle de la raison, strictement instrumentale, qui peut fonctionner tout en étant déconnectée des enjeux de signification.

> Cornelius Castoriadis :
> Le monde bureaucratique autonomise la rationalité dans un de ses moments partiels, celui de l'entendement, qui ne se soucie que de la correction des connexions partielles et ignore les questions des fondements, de la totalité, des

1 Castoriadis Cornelius, *Quelle démocratie?, tome II. Écrits politiques 1945-1997, IV*, Paris, Sandre, 2013, p. 553.

2 Castoriadis Cornelius, *Domaines de l'homme. Les carrefours du labyrinthe II*, Paris, Seuil, 1986, p. 163-164.

> fins, et du rapport de la raison avec l'homme et avec le monde (c'est pourquoi nous avons appelé sa « rationalité » une pseudo-rationalité) ; et il vit pour l'essentiel dans un univers de symboles qui, la plupart du temps ni ne représentent le réel, ni ne sont nécessaires pour le penser ou le manipuler, c'est celui qui réalise à l'extrême l'autonomisation du pur symbolisme[1].

Par son élision (prétendre qu'il n'y a pas de trace des communications radiophoniques), l'« entendement » du Comité P a protégé la cohérence interne de sa position de défense, laquelle rejoint ironiquement celle du dispatcher du CIC : « Moins on en sait, mieux c'est. »

Par ailleurs, le phénomène de bureaucratisation, envisagé à l'échelle plus globale de la répartition des pouvoirs (judiciaire, exécutif), soulève une seconde question : celle de la prise de responsabilité et du jugement politique conséquent. En effet, on aura remarqué que, scission en domaines de compétences oblige, tout le monde se renvoie ici la balle : la police (Comité P) renvoie à l'instruction en cours pour ce qui concerne l'élucidation de « l'incident de tir ». De son côté, la juge renvoie au Comité P pour ce qui concerne les dysfonctionnements internes à la police, puisque c'est elle-même qui avait mandaté le Comité P pour rédiger ce rapport. Enfin, le rapport du Comité P a été rédigé en vue d'être soumis à une commission parlementaire. On pourrait ainsi croire que, *in fine*, ce sont les députés, représentants du peuple, qui vont devoir trancher. Or, ces derniers se sont dans les faits simplement contentés d'avaliser le rapport du Comité P sans engager aucune action.

---

1 Castoriadis Cornelius, *L'institution imaginaire de la société*, Paris, Seuil, 1975, p. 222-223.

Maître Benkhelifa :

J'observe que la justice a renoué dans ce dossier avec un procédé contestable : celui qui consiste à saucissonner un dossier délicat en plusieurs parties. D'une part, cela conduit à une perte d'informations, car des faits qui en expliquent d'autres sont analysés séparément. D'autre part, cela permet aux différents acteurs institutionnels de se déresponsabiliser. La juge d'instruction ne s'occupe que de « l'incident de tir », pas question pour elle de s'intéresser au contexte des opérations Medusa, ces chasses aux migrants ou à une éventuelle coalition de fonctionnaires visant à étouffer l'affaire[1]. Le volet « trafic d'êtres humains », en ce compris l'histoire de la balise qui avait été placée sur le véhicule avant la course-poursuite, a été confié à un autre magistrat. Le Comité P fait un rapport qui ne parle que de problèmes de communication avant le tir et ne questionne pas directement les policiers impliqués. Les parlementaires se contentent d'avaliser le rapport et disent qu'il faut laisser faire la justice, bottant en touche quant au débat sur la création d'une commission d'enquête[2].

Et elle conclut :

Certains devraient lire ou relire les travaux de la philosophe allemande Hannah Arendt sur les conséquences des mécanismes de déresponsabilisation. Des entreprises monstrueuses peuvent être construites avec des personnes individuellement sympathiques qui ne font que leur boulot, qui ferment les yeux sur ce qui dérange leurs certitudes, qui

1 Engel Vincent et Bouffioux Michel, *op. cit.*, p. 157-159 et p. 166, qui montre que, très rapidement, les policiers se sont rencontrés et mis d'accord sur une « version officielle » de l'affaire.

2 *Ibid.*, p. 193.

> ne se posent pas de question sur l'ensemble de « l'œuvre » à laquelle elles participent, qui ne s'interrogent pas sur les tenants et aboutissants d'un système et, *in fine*, sur son caractère globalement inhumain[1].

Il vaut la peine de synthétiser la ligne de questionnement qui s'est élaborée pas à pas à la lecture du rapport du Comité P. Un premier problème apparu est celui d'une focalisation sur les seuls aspects techniques de la poursuite. Ceci au prétexte de ne pas empiéter sur le domaine du judiciaire. Or, les connaissances spécifiques des policiers n'auraient-elles pas pu au contraire aider le travail de la Justice, sans s'y substituer ? Il y a donc bien là un premier *choix idéologique* à l'œuvre, qui n'est en rien dicté *a priori* par les domaines de compétences des uns et des autres. *Secundo*, force est de constater que la parcellisation pratiquée par le Comité P n'est pas strictement liée à son choix technique. Elle résulte elle aussi d'un choix idéologique, qui visait à fabriquer une *cohérence logique à tout prix* : celle qui vise avant tout la protection de l'intégrité de l'institution policière, fût-ce en se débarrassant des faits, ici, l'enregistrement de la litigieuse conversation téléphonique, qui témoignait de ce qu'un policier coordonnant l'action à distance conseillait à un autre de se taire[2].

Pour Hannah Arendt, l'idéologie est plus cohérente que le monde et c'est pour cela qu'elle fonctionne. Car une façon d'appliquer le principe logique de la non-contradiction, c'est de se débarrasser des faits. D'un certain point de vue, l'autonomisation du pur symbolisme crée donc une cohérence totale, germe du totalitaire. C'est pourquoi nous nous devons d'être plus attentifs que jamais à chacun des bruissements du monde

1 *Ibid.*, p. 193-194.

2 En anticipant sur le fait que la parole du policier tireur constituait une preuve irréfutable du fait qu'il avait délibérément tiré.

qui nous entoure, à ces détails qui ne « collent » pas avec la version officielle des faits, à ces tours de langage singuliers qui font dérailler les langues instituées.

À titre exemplatif et pour terminer l'analyse du rapport du Comité P, examinons les liens ambigus qu'il tisse entre les deux discours constituants sur lesquels il se fonde : le texte de la loi et un manuel de formation en « maîtrise de la violence ».

D'un point de vue juridique, l'usage des armes à feu par la police est extrêmement réglementé. Le cadre légal se trouve aux articles 37 et 38 de la loi belge sur la fonction de police du 5 août 1992, qu'il vaut la peine de citer :

> Art. 38. Sans préjudice des dispositions de l'article 37, les [membres du cadre opérationnel] ne peuvent faire usage d'armes à feu contre des personnes que dans les cas suivants :
> 1° en cas de légitime défense au sens des articles 416 et 417 du Code pénal;
> 2° contre des personnes armées ou en direction de véhicules à bord desquels se trouvent des personnes armées, en cas de crime ou de délit flagrant au sens de l'article 41 du Code d'instruction criminelle, commis avec violences, lorsqu'il est raisonnablement permis de supposer que ces personnes disposent d'une arme à feu prête à l'emploi et qu'elles l'utiliseront contre des personnes;
> 3° lorsqu'en cas d'absolue nécessité, les [membres du cadre opérationnel] [...] ne peuvent défendre autrement les personnes, les postes, le transport de biens dangereux ou les lieux confiés à leur protection. <L 1998-12-07/31, art. 188, 005; *En vigueur* : 01-01-2001 >
> Dans ces cas, les armes à feu ne peuvent être utilisées que conformément aux instructions et sous la responsabilité d'un officier de police administrative;

4° lorsqu'en cas d'absolue nécessité, les [membres du cadre opérationnel] [...] ne peuvent défendre autrement les personnes confiées à leur protection dans le cadre de l'exécution d'une mission de police judiciaire. <L 1998-12-07/31, art. 188, 005 ; *En vigueur* : 01-01-2001 >
Dans ce cas, les armes à feu ne peuvent être utilisées que conformément aux instructions et sous la responsabilité d'un officier de police judiciaire.
Le recours aux armes prévu aux 2°, 3° et 4°, ne s'effectue qu'après avertissement donné à haute voix ou par tout autre moyen disponible, y compris par un coup de semonce, à moins que cela ne rende ce recours inopérant[1].

Dans le rapport du Comité P, il n'y a qu'une seule et unique référence à ces deux articles de loi, pourtant cruciaux[2]. Elle se trouve dans le rappel d'une note antérieurement émise par une instance supérieure au Comité P (DGA/DAH[3]), qui constitue son cadre de référence ultime. Cette note évoquait la situation particulière du tir sur des véhicules[4]. Ses rédacteurs concluaient sur base de l'analyse de plusieurs cas que « [...] plus spécifiquement encore, lorsqu'ils tentent de tirer dans les pneus, ces actions ne permettent que rarement de procéder à l'interception immédiate du véhicule en fuite. La note DGA/DAH déconseille fortement l'action et ajoute qu'il est probable

---

1 Justel, *Loi sur la fonction de police*, 05/08/1992 : <https://www.ejustice.just.fgov.be/cgi_loi/loi_a1.pl?language=fr&la=F&cn=1992080552&table_name=loi&&caller=list&fromtab=loi&tri=dd+AS+RANK> Je remercie ma collègue juriste Diletta Tatti pour cette référence et pour celle du manuel de la fonction de police, qu'elle a présentées à l'occasion d'un débat sur l'impunité policière tenu au théâtre du KVS le 23/09/2021.

2 Mais l'évaluation de la pertinence du tir n'a pas été retenue comme relevant de leur champ d'expertise par les membres du Comité P, faut-il le rappeler ?

3 DGA : acronyme de « direction générale de la police administrative » ; DAH, acronyme de « direction de la police de la route. » Voir Comité P, *op. cit.*, p. 58.

4 Comité P, *op. cit.*, § 159, p. 32.

qu'elle ne rencontre pas les principes d'opportunité, subsidiarité et proportionnalité comme repris dans l'article 37 [...][1] ». Autrement dit, viser les pneus est inefficace et fait de surcroît courir au policier tireur le risque de contrevenir à la loi.

Mais ce n'est pas tout. Le Comité P rappelle aussi que cette note « relève diverses circonstances auxquelles peut conduire cette action et notamment le risque de toucher le conducteur et/ou un ou plusieurs passagers[2] ». Et il conclut : « La note DGA/DAH précise encore qu'il n'est permis de tirer en direction de véhicules à bord desquels se trouvent des personnes que dans les cas prévus à l'article 38 de la loi sur la fonction de police[3]. »

En toute logique, le Comité P aurait donc dû conclure que, puisqu'*aucun* des quatre cas de figure prévus dans l'article 38 n'était de mise dans le cas examiné, le policier s'était rendu coupable d'une infraction grave. Il lui était interdit par la loi de dégainer son arme et de tirer dans les circonstances où il se trouvait, compte tenu des informations alors à sa disposition[4]. Mais le Comité P se contente de citer ces directives générales fondées sur la loi, sans, à ce stade, les rapporter au cas examiné.

Pour comprendre ce qui se trame ici, il faut revenir à la section précédente du rapport, intitulée : « L'exécution tactique selon le manuel de formation des policiers "Poursuite et interception des véhicules – Formation spécialistes"[5]. »

1 *Ibid.*

2 *Ibid.*

3 *Ibid.*

4 *Tous* les tirs policiers sur des véhicules en fuite sont donc interdits par la loi, lorsque la légitime défense n'est pas avérée. Dès lors, il ne faut pas craindre l'oxymore et oser parler d'un *racisme institutionnel hors-la-loi* pour désigner le phénomène lors duquel des policiers tirent sur des jeunes « racisés » en fuite, avec le décès de ces derniers comme conséquence de plus en plus fréquente.

5 Comité P, *op. cit.*, p. 30-31.

D'après la lecture qu'en fait le Comité P, ce manuel « qualifie d'hasardeux l'exercice consistant à atteindre une cible en mouvement à partir d'une position qui est elle-même en mouvement […]. Le manuel pose le principe que la décision de faire usage de l'arme à feu pour tenter de stopper un véhicule en fuite doit toujours évaluer les risques potentiels qu'entraîne cet usage et les comparer à ceux que représente le fuyard s'il parvenait à s'échapper[1] ». Mais au paragraphe suivant, il est pourtant rapporté que le même manuel : « Relève que *la seule possibilité* de freiner la course d'un véhicule et de l'amener à s'arrêter est de tenter de crever un ou plusieurs de ses pneus[2]. »

On est en droit de s'étonner : même s'il le qualifie de « hasardeux » et semble donc implicitement le déconseiller, comment ce manuel de formation de spécialistes en gestion de la violence peut-il *in fine* laisser à l'évaluation des policiers la décision de poser un acte qui leur est formellement interdit par la loi ? Car tirer pour stopper un véhicule en fuite ne fait pas partie des quatre exceptions citées dans l'article 38, lesquelles reviennent toujours à des variations autour de la légitime défense.

À ce stade, rien n'indique que le Comité P ait relevé la contradiction et pris acte du fait que le manuel censé former ses hommes était « hors-la-loi ». Rien d'explicite en tout cas… car on relèvera par ailleurs que le Comité P s'étend à souhait sur les détails que semble donner le manuel pour déconseiller l'usage d'une arme à feu pour arrêter un véhicule depuis un autre véhicule en mouvement : stress, heurts imprévus, état de la route, vent… et encore : « Le manuel *détaille* les risques encourus. Parmi ceux-ci figurent expressément le risque que la ou

---

1 *Ibid.*, § 152, p. 30.

2 *Ibid.*, § 153, p. 31, je souligne.

les balles tirées peuvent [...] atteindre directement le conducteur ou des passagers éventuels[1]. »

Une première interprétation pourrait donc être que les membres du Comité P ont conscience de la contradiction logique entre le manuel et le texte de loi et qu'ils tentent de l'atténuer, en montrant par ces détails que le manuel dissuade fortement les policiers de passer à l'acte. Pourtant, par la suite, le Comité P consacre une section entière à « l'examen des contradictions entre le manuel et la note DGA/DAH[2] » et il y revient encore dans l'examen des mesures déjà prises[3].

Or le Comité P insiste par ailleurs sur le caractère confidentiel de ce manuel (« un *folder* difficile à trouver[4] »), dont l'existence même semblait être ignorée de nombreux services de police qui « ne connaissaient pas les techniques d'interception et d'intervention » qui y sont reprises [5]. Pourquoi donc lui accorder tant d'attention ?

Car si l'on revient à la source, le manuel *général* de formation des policiers, on découvre qu'il y est explicitement écrit ceci : « Si le conducteur prend uniquement la fuite, sans tirer vers les Policiers : ce cas ne peut être assimilé au cas de légitime défense, et, par conséquent, l'usage des armes à feu est interdit[6]. »

1 *Ibid.*, je souligne.

2 *Ibid.*, p. 33-34.

3 *Ibid.*, p. 43-44. Le § 227 du rapport nous apprend qu'en juin 2018, les plus hautes instances de la police belge se sont réunies, en présence du service juridique pour examiner le manuel et la note « et rendre le tout cohérent ». Le coordinateur national en maîtrise de la violence a relevé la liste exhaustive de toutes les contradictions et le manuel problématique « a été retiré du PORTAL, le temps de procéder à sa modification ».

4 *Ibid.*, § 196, p. 38.

5 *Ibid.*, § 197-198, p. 38.

6 Liners Alain, Keuterickx Valérie, Langouche Marie-Agnès, *La loi sur la fonction de police. Le manuel de la fonction de police*, Bruxelles, Politeia, 2019, p. 449 et suivantes.

Le manuel censé avoir servi à former tous les policiers présents est donc, lui, en accord avec la loi. Pour qui aurait encore un soupçon de doute concernant l'illégalité et l'absence de légitimité du tir policier qui a tué Mawda, le manuel poursuit : « hors le cas de légitime défense et celui de la présence d'occupants armés, le simple fait qu'un automobiliste ne se soumette pas à l'injonction de l'autorité d'immobiliser son véhicule ne légitime pas l'usage d'une arme à feu pour empêcher cet automobiliste de fuir[1] ».

Pourquoi le Comité P ne se réfère-t-il pas à ce manuel-là ? Pourquoi insiste-t-il sur le fait que ses premières recommandations ont concerné la nécessité d'intégrer des éléments de la formation spécialisée en gestion de la violence à la formation de base de tous les policiers, alors qu'il affirme en parallèle que ce même manuel est en contradiction avec la note de la DGA et donc avec la loi[2] ? Je ne trouve pas de réponse à ces questions au moment où j'étudie ce rapport. C'est le procès qui me fournira des éléments pour risquer une hypothèse.

La lettre des recteurs au Premier ministre

Le 29 mai 2018, le conseil interuniversitaire flamand (VLIR) et le conseil des recteurs francophones (CRef), ont adressé conjointement une lettre au Premier ministre de l'époque. Cette lettre était composée de trois paragraphes rédigés d'abord en français, langue maternelle de leur interlocuteur, puis en néerlandais.

1 *Ibid.*

2 *Ibid.*, § 199, p. 39.

Les onze recteurs des universités belges :
Les recteurs belges expriment leur préoccupation devant le climat actuel à l'égard des migrants qui conduit à une dégradation progressive du respect dû aux personnes et de la protection des plus vulnérables dans nos sociétés. L'horrible destin de la petite Mawda apparaît à nos yeux plus comme un symptôme qu'un accident. Nous souhaitons attirer respectueusement l'attention, au plus haut sommet de l'État, du Premier ministre qui, en dernier ressort, définit la politique en la matière.
Dans ce contexte, nous appuyons la demande des signataires de la pétition demandant la régularisation définitive de la famille de Mawda, leur permettant de suivre la procédure judiciaire et de se recueillir sur sa tombe. Si rien ne pourra réparer l'irréparable, ce serait un geste destiné à retrouver un climat plus conforme aux valeurs de notre société issue des lumières et de la déclaration universelle des droits de l'Homme à laquelle nous savons Votre attachement.
En espérant que notre démarche retiendra Votre attention, nous vous prions de croire, Monsieur le ministre, à l'expression de nos sentiments de haute considération[1].

Ce qui frappe d'abord dans cette lettre, c'est le contraste entre l'exceptionnalité d'une telle prise de position commune de tous les recteurs belges[2], qui renforcent en outre leur

1 CRef, 29/05/2018, <http://www.cref.be/communication/20180529_Lettre-CRef-VLIR-au-Premier-ministre_Mawda.pdf>, consulté le 20/01/2020.

2 Il ne semble pas y avoir eu d'autre exemple d'une telle action unanime des recteurs belges par le passé. Qui plus est, outre la compétition entre universités qui existe dans tous les pays, le climat était particulièrement tendu à ce moment-là, compte tenu d'une volonté de fusion entre l'UCL et l'USL-B, fortement critiquée par l'ULB. Ce contexte rendait donc cette action commune encore plus remarquable.

autorité en s'exprimant par le biais de deux organismes officiels institutionnels, et l'humble attitude qu'ils choisissent d'adopter vis-à-vis du Premier ministre. En forçant à peine le trait, leur lettre ressemble à une supplique adressée au Prince. En effet, ils situent le Premier ministre au « plus haut sommet de l'État », dans une position de pouvoir suprême où il n'est pas considéré comme étant le simple porte-parole de son gouvernement mais comme celui qui, en dernier ressort, « définit la politique ». Qui plus est, on n'aura pas manqué de remarquer l'usage des majuscules majestatives[1], ainsi que celui d'une rhétorique épidictique qui rappelle celle de l'adresse des penseurs des Lumières aux despotes éclairés de leur temps, tels Frédéric II de Prusse ou encore Catherine II de Russie. Pourquoi avoir choisi d'instituer une telle dissymétrie dans les positions d'interlocution ? Ne s'agissait-il vraiment, pour un tel aréopage, que d'espérer retenir l'attention du Premier ministre ?

Une possible réponse à ces questions me semble résider dans l'articulation complexe entre la demande particulière des recteurs (régulariser la famille de Mawda) et l'expression de leur inquiétude plus générale quant à l'état actuel de la société. Commençons par décrypter chacun de ces deux aspects séparément.

C'est sous la pression de leurs communautés universitaires respectives que les recteurs ont réagi face au sort de la famille Shawri. En effet, comme ils l'évoquent, ils se sont profilés en soutien à une pétition dont l'initiative avait émané de leur « base », signée par environ 700 universitaires. Or, ceci intervenait dans un contexte général de rapports tendus entre plusieurs autorités rectorales et leurs communautés universitaires[2].

---

1 Par exemple : « Votre attachement » à des « lumières », qui, quant à elles, n'ont pas droit à la majuscule qui leur revient pourtant.

2 Par exemple, un nombre significatif de membres de l'UCL et de l'USL-B étaient opposés à la fusion de leurs deux universités, qu'ils ont vécue comme

L'affaire Mawda serait-elle tombée à point nommé pour offrir aux recteurs l'occasion d'un beau « geste[1] »? Creusons cette hypothèse. En prenant l'initiative de cette lettre, les recteurs ont *de facto* montré « en interne » à leurs collègues qu'ils se considéraient comme leurs porte-paroles et non comme leurs dirigeants. Ils ont apporté la preuve qu'ils utilisaient leur position de pouvoir afin de relayer au plus haut niveau de l'État les préoccupations de leur base. Qui plus est, ils agissaient comme représentants du monde universitaire sur des questions non directement liées à des intérêts corporatistes[2], mais d'intérêt général. La lettre réalisait donc la fusion/identification sans reste des recteurs et de leurs communautés universitaires, dans une sublime forme de désintéressement révélant un commun attachement aux valeurs des droits de l'Homme, aussi présupposées par les recteurs comme étant évidemment chéries du Premier ministre…

Un simple geste envers une famille de migrants endeuillée, et toute la société belge pourrait bien s'en trouver réconciliée dans la communion irénique de valeurs humanistes[3]. Voilà ce

---

leur ayant été imposée par leurs autorités rectorales. Ou encore, en décembre 2017, un nombre tout aussi significatif d'enseignants-chercheurs de l'ULiège (124) avaient co-signé une carte blanche dans laquelle ils lançaient un cri d'alarme au sujet de la transformation en cours de leur institution universitaire selon des principes de compétitivité et de rentabilité faisant fi des valeurs qu'ils défendaient pour leur part. Voir : *La Libre Belgique*, 04/12/2017, <https://www.lalibre.be/debats/opinions/gros-malaise-a-liege-denonce-par-124-enseignants-chercheurs-de-l-ulg-opinion-5a254f90cd70b488fb040c9e>, consulté le 20/01/2022. À peine deux mois avant la lettre des recteurs, une autre carte blanche d'universitaires liégeois alertait l'opinion publique en parlant d'une « dérive autoritaire » de l'équipe rectorale de cette institution : Gemenne François et Ernst Damien, *La Meuse*, 23/03/2018, <https://www.lameuse.be/208378/article/2018-03-22/dangereuse-derive-autoritaire-luliege-carte-blanche>, consulté le 20/01/2022.

1 J'utilise à dessein ce terme, choisi par les recteurs pour désigner ce qu'ils attendaient du Premier ministre.

2 Agir par « réflexe corporatiste » est un reproche souvent adressé aux enseignants.

3 Il faut rappeler qu'au niveau de l'imaginaire collectif national, le Belge aime à se considérer avant tout comme un bon père de famille. Par extension, gérer-agir-

que la lettre des recteurs semblait suggérer au Premier ministre sur un plan fantasmatique, en l'incarnant/performant d'abord elle-même pour le seul monde universitaire.

Pourtant, on sait de façon générale que parler de « simple geste » présume aussi que ce dernier « ne coûtera pas grand-chose ». Dès lors, plus pragmatiquement, les recteurs auraient-ils considéré qu'écrire ensemble cette lettre constituait pour eux une opération *a priori* gagnante et ne comportant pas de risques, à la fois pour rassurer et souder leurs communautés universitaires fragilisées, et pour regagner une place de garants éthiques auprès des hommes politiques ainsi que, plus largement, au sein de l'opinion publique belge[1] ?

Venons-en au décryptage de la seconde ligne de fond de la lettre des recteurs, qui peut toute entière être concentrée autour de l'analyse d'une expression à l'étonnante porosité sémantique : « préoccupation au sujet du climat[2] ». On n'aura en effet pas manqué de remarquer que, dans une lettre si brève, le terme « climat » est utilisé à deux reprises. Une première fois pour désigner l'objet de la préoccupation des recteurs : « le climat actuel à l'égard des migrants ». Une seconde fois, tout au contraire, pour désigner l'objet de leur vœu, la finalité ultime visée par la demande de régularisation des Shawri, qui dépasserait donc largement ce cas particulier : « Retrouver un climat

---

prévoir « en bon père de famille », en tant que représentant d'un pouvoir quelconque, à n'importe quelle échelle de la société belge, est le *summum* éthique de ce qui est attendu de chacun. L'expression a même été consacrée juridiquement, puisqu'elle est présente dans le Code civil belge, héritage napoléonien qui date de 1804. Elle va néanmoins en être supprimée : RTBF, 08/04/2021, <https://www.rtbf.be/article/l-expression-en-bon-pere-de-famille-va-disparaitre-du-code-civil-belge-10737089?id=10737089>, consulté le 20/01/2022.

1 Cette initiative a été directement relayée par toute la presse belge.

2 L'expression a encore une autre connotation depuis 2019, année où l'opinion publique a massivement pris conscience des conséquences désastreuses du réchauffement climatique… Parmi lesquelles on doit bien entendu compter l'augmentation de la migration.

plus conforme aux valeurs de notre société issue des lumières. » À quoi renvoie exactement ce double usage du terme « climat » ? Écoutons d'abord la voix du dictionnaire nous donner sa définition générale :

> Le Larousse :
> Climat. Nom masculin (grec *klima, -atos*, inclinaison)
> Ensemble des phénomènes météorologiques qui caractérisent l'état moyen de l'atmosphère en un lieu donné.
> Ensemble des conditions de vie, des circonstances, qui agissent sur quelqu'un ; milieu, ambiance, contexte : le climat politique, social[1].

À la fois vague et englobant, indéterminé et exhaustif, le « climat » désigne ce qui s'étend à l'ensemble de la société – aussi bien le tout que ses parties – puisque « chacun » se trouve « agi » par lui. Je considère que la première occurrence de ce terme masque, tout en la désignant de manière oblique, une réalité au contraire bien précise et très circonscrite : la politique à l'égard des migrants orchestrée par la N-VA.

Rafraîchissons-nous la mémoire en rappelant les différents scandales qui lui sont liés : scandale de l'organisation par l'État belge du rapatriement forcé de ressortissants soudanais[2], qui ont pour la plupart été torturés à leur retour[3]. Scandale de l'enfermement d'enfants dans les centres fermés, alors même que la Belgique avait été condamnée à plusieurs reprises par la

1 Larousse, <https://www.larousse.fr/dictionnaires/francais/climat/16534>, consulté le 22/01/2020.

2 Le gouvernement belge a aidé la dictature soudanaise à identifier ces ressortissants et les a extradés.

3 Omar-el-Béchir, le président soudanais étant, pour rappel, condamné par la CPI pour génocide au Darfour.

Cour européenne des droits de l'homme sur cette question[1], et que le Conseil d'État avait annulé le 04 avril 2019 l'arrêté royal permettant l'enfermement de familles avec enfants mineurs.

Et encore, plus « banalement » et administrativement parlant, mais de manière tout aussi violente, signalons quelques éléments clés de la note de politique générale présentée au Parlement par Theo Francken, le secrétaire d'État à l'Asile et la Migration en décembre 2017 : l'obligation de signer une déclaration de primo-arrivant ; le « contrôle discrétionnaire des efforts d'intégration par une administration qui n'est pas à la manœuvre dans les parcours d'intégration[2] » ; les retours forcés présentés comme étant la « priorité des priorités[3] » du gouvernement ; les projets de construction de nouveaux centres fermés, etc.

La politique (pseudo)-sécuritaire de la N-VA, qui tend à criminaliser toujours plus les migrants – et donc à justifier qu'un policier tire sur une voiture de clandestins pour l'arrêter –, tel était le non-dit de la lettre des recteurs, qui transparaissait pourtant dans leur dénonciation du « climat » sociétal général, qu'on peut désormais comprendre comme ayant été induit par cette politique en particulier. Car il faut oser le dire sans plus parler à mots couverts : quand l'État institutionnalise les pratiques et les discours qui criminalisent et font violence à des innocents, il les légitime. Dès lors, les simples citoyens se trouvent eux aussi quasi-légalement justifiés d'adopter à

1 Voir l'arrêt Mubilanzila Mayeke et Kianiki Mitunga c. Belgique du 12 octobre 2006 ; l'arrêt Muskhadzhiyeva et al. c. Belgique du 10 janvier 2010 ; l'arrêt Kanagaratnam et al. c. Belgique du 13 décembre 201, et une synthèse juridique, datée de septembre 2018 : <http://www.justice-en-ligne.be/article1086.html>, consultés le 21/01/2020. Je remercie ma collègue juriste Diane Bernard pour l'ensemble de ces références.

2 Voir la lecture critique par le Ciré, 2017, <https://www.cire.be/wp-content/uploads/2017/12/etude-note-de-politique-generale-2.6.pdf>, p. 4, consulté le 23/01/2020.

3 *Ibid.*, p. 3.

leur tour de tels comportements haineux et violents, d'où le fait qu'une politique spécifique puisse faire tache d'huile et se transformer en « climat » inhérent à toute une société[1].

En ce sens, il est important que les recteurs aient à tout le moins osé dire que ce qui était arrivé à Mawda était pour eux « plutôt un symptôme qu'un accident ». Et ce, même s'ils ont atténué le poids de cette affirmation en lui donnant pour sujet l'expression « l'horrible destin de la petite Mawda », qui anonymise et dépersonnalise ce qu'il faudrait plus justement nommer *l'homicide* de la petite Mawda. Car parler de destin renvoie à l'accident, et, de ce fait, contribue à déresponsabiliser le policier auteur du tir mais aussi le gouvernement belge, instigateur des opérations Medusa sans lesquelles ce drame ne serait pas arrivé.

C'est pourquoi, il faut aussi pouvoir dire que si la N-VA a été à l'origine de ce durcissement de la politique migratoire belge, elle n'en porte pas seule la responsabilité. Puisqu'il s'agit d'une matière fédérale, cette politique a été soutenue par le gouvernement belge dans son ensemble. Autrement dit : assumée et légitimée par son Premier ministre. Gardons-nous en effet, d'une vision manichéenne qui opposerait le « méchant » Francken au « bon » Premier ministre. Le parti de ce dernier, le MR[2], en ayant accepté de former un gouvernement avec la N-VA, porte une lourde responsabilité dans toutes les initiatives et les réalisations impulsées par cette dernière.

De ce fait, on peut mieux comprendre les précautions oratoires prises par les recteurs : le Premier ministre est en réalité coresponsable de la politique migratoire fédérale, et dès lors

1 À titre d'exemple comparatif, on a constaté en Italie une inquiétante augmentation des violences commises par des particuliers à l'encontre de migrants après le refus officiel par l'État italien de laisser accoster sur son territoire le navire Aquarius, qui avait secouru et accueilli à son bord 629 migrants en détresse en juin 2018. Je remercie Emanuele Profumi de m'avoir communiqué ce fait.

2 Mouvement Réformateur, parti francophone libéral de centre droit.

aussi de la création du climat qu'ils dénoncent. Le destinataire idéalisé de la lettre des recteurs peut ainsi apparaître pour ce qu'il est : une pure fiction. D'ailleurs, le Premier ministre n'a jamais répondu directement aux recteurs. Il a seulement réagi par un laconique « ils ont le droit d'avoir leur avis, c'est évident, et la liberté d'expression doit être respectée[1] ». Bien qu'il ait reçu la famille Shawri et son avocate, c'est Maggie De Block qui prit la décision de leur accorder un titre de séjour d'un an… « mais renouvelable[2] », lorsqu'elle reprit le poste de secrétaire d'État à l'Asile et à la Migration en décembre 2018, après que la N-VA ait claqué la porte du gouvernement suite à la signature par la Belgique du Pacte de Marrakech[3], lequel, selon ce parti, donnait trop de droits aux migrants.

Enfin, il faut aussi prendre la mesure de la référence des recteurs aux droits de l'Homme, car son ambivalence est paradigmatique de ce qui se trame au niveau européen. Ils opposaient le « climat » délétère conduisant à la « dégradation progressive du respect dû aux personnes » au fait de « retrouver un climat plus conforme aux valeurs de notre société issue des lumières et de la déclaration universelle des droits de l'Homme ». Or, c'est précisément en invoquant le respect de ces mêmes valeurs (cette fois estampillées comme étant « européennes »), que Francken avait justifié sa note de politique générale en matière d'asile et de migration de 2017.

---

1 *L'écho*, <https://www.lecho.be/economie-politique/belgique/federal/theo-francken-a-encore-frappe/10017415.html>, consulté le 23/01/2020.

2 Swysen Didier, *Sudinfo*, 16/02/2019, <https://www.sudinfo.be/id102418/article/2019-02-16/le-gouvernement-regularise-la-famille-de-la-petite-mawda>, consulté le 23/01/2020.

3 Le Pacte mondial de l'ONU sur les migrations, signé en 2018 à Marrakech, vise à couvrir toutes les dimensions de la migration internationale. Comme il s'agit d'un texte de « *soft law* », il n'est pas juridiquement contraignant pour les États qui l'ont signé. Pourtant, le gouvernement belge est tombé à cause de lui.

> Theo Francken :
> Les pouvoirs publics doivent veiller à ce que les candidats primo-arrivants soient sensibilisés, dès leur demande de séjour, quant aux droits fondamentaux, libertés, normes et valeurs de l'Europe : l'égalité de l'homme et de la femme, le respect de l'intégrité physique de chaque être humain, la séparation de l'Église et de l'État, la liberté de l'orientation sexuelle, la liberté d'expression et enfin la liberté de confession religieuse, en ce compris la liberté de renoncer à sa religion voire de changer de religion. Lors de l'octroi du séjour, la volonté de se conformer à ces droits fondamentaux, libertés, normes et valeurs, peut être posée comme une condition, dans les limites de la jurisprudence et des traités internationaux [...][1].

On aura remarqué que le choix des libertés individuelles pointées révèle en creux le portrait d'un candidat à la migration ciblé comme étant un musulman (sans que le terme, pourtant, ne soit jamais utilisé) qui leur serait forcément hostile. Comme le souligne le *CIRÉ*[2] dans sa lecture critique :

> Le Ciré :
> L'architecture générale de la note est révélatrice d'une approche où l'étranger est présenté comme une menace face à laquelle l'État se doit de réagir [...] la note s'achève par un avant-dernier chapitre consacré à la « terreur et au radicalisme », établissant par là un lien entre migration

1 Ce premier chapitre de la note porte le titre éloquent de « Droits, libertés, normes et valeurs européennes ». Chambre des représentants de Belgique, « Note de politique générale. Asile et migration », 19/10/2017 : <https://www.dekamer.be/doc/FLWB/pdf/54/2708/54K2708017.pdf>, consulté le 24/01/2020.

2 Acronyme de « Coordination et initiatives pour réfugiés et étrangers ».

et terrorisme, et s'inscrit pleinement dans une approche populiste « à la Donald Trump » des migrations[1].

Dès lors, la gradation dans l'usage des valeurs en question, loin d'être une simple affaire de « plus et de moins », comme le postule la lettre des recteurs, ne fonde aucune exclusive logique du type « droits de l'homme *ou* barbarie ». La note de politique générale de Francken révèle bien plutôt qu'il est tout à fait possible de conjuguer « droits de l'homme *et* barbarie », quand, précisément, on réifie *a priori* l'étranger migrant en le fictionnant « barbare » et radicalement autre, tout en se rêvant soi-même pur autochtone européen, dès lors seul héritier légitime des Lumières. C'est pourquoi l'appel aux droits de l'homme de la lettre des recteurs apparaît comme une tentative de se donner bonne conscience en se raccrochant à des absolus, dont les représentants du monde académique ne semblent pas se décider à voir combien ils sont relatifs, et dès lors *per se* inefficaces. La possibilité, démontrée par Francken, de fonder une politique raciste et non-progressiste sur les droits de l'homme, impose désormais de ne mobiliser ces derniers qu'en fonction d'un projet politique précis.

Le Tweet du secrétaire d'État à l'Asile et à la Migration

À cette lettre ouverte des onze recteurs qui ne lui était pas adressée, Theo Francken fit pourtant une réponse aussi cinglante que lapidaire :

1 Ciré, *Perspectives sur la politique migratoire belge en 2018*, décembre 2017, <https://www.cire.be/wp-content/uploads/2017/12/etude-note-de-politique-generale-2.6.pdf>, p. 3, consulté le 24/01/2020.

> Theo Francken :
> *Als de rectoren een politiek spelletje willen spelen over migratiedossiers, zullen ze de boomerang terug in hun gezicht krijgen. Zowel inhoudelijk als publiek.*
> [Si les recteurs veulent faire joujou avec la politique sur les dossiers de migration, ils seront confrontés à un retour de boomerang. Tant sur le fond que publiquement[1].]

On notera d'abord le côté condescendant, voire méprisant, de l'expression « faire joujou[2] » pour désigner l'acte posé par les recteurs. Il ne s'agit pas que de lexique : c'est bien la légitimité de ces derniers à poser un tel acte qui est contestée par Francken, comme en attestent deux tweets antérieurs à celui-ci.

> Theo Francken :
> *Rectoren die collectief brief ondertekenen over dossier waarvan ze de finesses niet kennen en waarover onderzoek nog lopende is.*
> *Is dat niet tegen de academische geest zelve?*
> *So sad*
> [Les recteurs signent collectivement une lettre sur un dossier dont ils ne connaissent pas les subtilités et au sujet duquel l'enquête est encore en cours.
> N'est-ce pas contraire à l'esprit académique lui-même?
> C'est bien triste[3]]

---

1 Tweet du 30 mai 2018 à 23 h 07. La traduction est mienne. Voir *DH Les Sports*, 31/05/2018, <https://www.dhnet.be/actu/belgique/deces-de-mawda-theo-francken-menace-les-recteurs-des-universites-belges-d-un-retour-de-boomerang-5b0fb838553291b8015c16bc>, consulté le 24/01/2020.

2 La version officielle de cet usage de *spelletje* fut la traduction littérale de « petit jeu », « -tje » étant un suffixe diminutif. C'est moi qui ai choisi d'accentuer la connotation à mon sens indéniablement polémique, infantilisante et méprisante de l'usage qu'en avait fait Francken dans son tweet, en traduisant par « faire joujou ».

3 Voir *DH Les Sports*, 31/05/2018, *op. cit.*

Il est donc clair que Francken joue ici sur un double tableau, non sans ironie d'ailleurs : d'une part, il commence par renvoyer aux dignes recteurs, représentants symboliques du sérieux et du prestige des universités, l'image que le grand public se fait souvent de la politique, lorsqu'il la réduit à de « petits jeux » et à de petites « guéguerres ». En outre, il élargit cette stratégie de décrédibilisation à l'ensemble de la communauté universitaire[1], en contestant cela même dont se revendique tout représentant de cette dernière pour légitimer sa prise de position par rapport à une question de société : l'expertise, l'esprit critique et la rigueur scientifique. De façon en réalité très subtile, derrière la grossièreté apparente de son attaque par « joujou » interposé, Francken transforme ainsi tous les universitaires indignés en une foule infantilisée, tellement prise par ses passions irrationnelles (et ce, sans jamais faire de référence explicite à ces dernières), qu'elle en oublierait son élémentaire devoir de réserve.

D'autre part, Francken, tel un père de famille courroucé[2], exprime clairement une menace… laquelle brille pourtant par son indétermination : que pourrait signifier, concrètement pour les recteurs, le fait de devoir « s'attendre à un retour de boomerang, aussi bien sur le fond que publiquement » ? En quoi sa fonction de secrétaire d'État à l'Asile et à la Migration pourrait-elle lui permettre, par exemple, de procéder à des restrictions du financement des universités, ou encore de peser sur leurs politiques de recrutement ?

---

1 Rappelons que les recteurs s'étaient revendiqués des centaines de membres de leurs communautés qui les avaient pressés de réagir.

2 Faut-il voir dans ce ton à la fois paternaliste et condescendant, une réponse ironique de Francken à la figure du Prince appelée en creux par la lettre des recteurs au Premier ministre ?

Toujours est-il qu'après ce tweet, les recteurs n'ont plus fait aucune déclaration commune, pas même pour lui répondre[1].

La menace de Francken, qui touchait en fait plutôt à l'ordre symbolique – celui du pouvoir des savants – qu'à la réalité de mesures de rétorsion, semble donc avoir porté ses fruits. Ainsi, Yvon Englert, le recteur de l'ULB, lors de son intervention dans une émission de la RTBF sur le thème « Les universitaires doivent-ils s'impliquer dans le débat politique ? », prenait-il soin de préciser qu'il « n'avait pas à se prononcer sur l'enquête »[2]. Comme s'il avait accepté l'accusation de non-maîtrise de dossiers particuliers, le recteur de l'université du libre examen obéissait par là même à l'injonction de Francken de ne pas se mêler de politique, laquelle concerne pourtant toujours d'abord des cas singuliers. En se repliant prudemment dans le champ de la morale, supposé étanche à celui de la politique, il continuait à adopter la posture de garant éthique choisie par le collège des recteurs, laquelle révélait ainsi une fois encore son incapacité à influer réellement sur le cours des choses.

En tant que membres de la communauté universitaire, en tant que citoyennes et citoyens, nous avons dû en prendre acte : l'heure n'était plus aux leçons de morale émanant d'un comité de sages, mais à l'invention de nouvelles formes d'engagement politique par et pour le plus grand nombre.

---

1 Ou peut-être Francken menaçait-il les recteurs de mesures de rétorsion à l'encontre de la famille Shawri ?

2 Toussaint Camille, RTBF, 04/06/2018, <https://www.rtbf.be/info/dossier/la-prem1ere-soir-prem1ere/detail_les-universitaires-doivent-ils-s-impliquer-dans-le-debat-politique?id=9936271>, consulté le 18/07/2019.

Les initiatives des universitaires

Les communautés universitaires ont tenté de réagir de plusieurs manières à l'affaire Mawda. D'abord ponctuellement, une carte blanche a été cosignée par des centaines d'académiques en réaction aux menaces qui leur étaient directement adressées par le tweet de Franken. On peut aussi signaler des cartes blanches et des interventions radiophoniques à l'occasion de la date anniversaire du décès de Mawda. De façon plus systémique, l'université de Mons et l'université Saint-Louis –Bruxelles ont répondu à l'appel du comité citoyen « Justice et Vérité pour Mawda » en organisant des journées d'études sur le thème « Mawda, où en est l'enquête ? », respectivement le 25 octobre 2018 et – symboliquement 6 mois plus tard, pour prendre le relais – le 25 avril 2019. En mai 2019, le Collectif interuniversitaire *Carta Academica* consacrait une journée d'études à la question plus générale « Dire la migration/Écouter les migrants[1] ».

Toutes ces actions sont classiquement celles qu'on peut attendre d'universitaires. Classiquement, elles ont aussi montré leurs limites. Lors des journées d'études, par exemple, étaient majoritairement présentes des personnes d'emblée concernées : membres du comité citoyen Mawda, militants pour la cause des migrants, etc.

Nous ne sommes donc pas parvenus à toucher en nombre ni nos étudiants, ni nos collègues, et encore moins des personnes extérieures à l'université qui auraient choisi de pousser la porte de nos institutions, confiants dans la mission première de l'université (l'enseignement critique), simplement désireux d'en apprendre plus sur cette affaire.

1 Carta Academica, 2019, <https ://www.cartaacademica.org/dire-la-migration-ecouter-les-migra>, consulté le 4/02/2023.

Sensible à ce problème, Vincent Engel, professeur de littérature à l'UCLouvain et écrivain, a pour sa part choisi de se servir de l'arme de la littérature[1]. Car selon lui, c'est l'émotion qu'il faut d'abord parvenir à toucher.

> VINCENT ENGEL :
> De l'émotion, donc. Une émotion dont on peut se moquer, se méfier, se défier. Dont on peut aussi attendre qu'elle passe, remplacée par une émotion plus fraîche. Car le tragique et une denrée périssable. Presque autant que ses victimes. Cependant, qu'elle dure ou non, l'émotion dérange ceux qui ont charge du monde et entendent en gérer la marche. Pour bien marcher, le monde ne peut pas pleurer. Pas trop rire non plus. Il doit garder à l'esprit les vraies priorités, sans lesquelles rien ne peut filer droit [...]. Alors l'émotion, attention... Un peu, bien contrôlée, pour distraire. Mais pas plus[2].

En écrivant un récit de fiction qui se nourrit de « ce drame irréductiblement singulier[3] », il s'agissait donc pour Vincent Engel de parier sur la force de mobilisation de l'émotion. Sa stratégie a consisté à donner la parole à chacun des actants principaux de cette affaire, afin de proposer au lecteur une sorte de kaléidoscope des perspectives. En parallèle, il a aussi tenté une mise en perspective historique.

En premier lieu, c'est Mawda elle-même qui parle. Puis, le récit transporte le lecteur lors d'une session plénière de la Chambre des représentants belges, le 22 novembre 1938, douze jours après la Nuit de Cristal en Allemagne nazie.

---

1 Le propos a été publié dans une temporalité très proche de l'événement (2019) et la totalité des droits a été reversée à la famille de Mawda.

2 ENGEL Vincent et BOUFFIOUX Michel, *Deux ans et l'éternité, op. cit.*, p. 6-7.

3 *Ibid.*, p. 7.

M. Pholien, le ministre de la Justice, y est confronté à Mme Blume-Grégoire, qui demande que des mesures soient prises pour accueillir en Belgique des familles juives fuyant l'Allemagne. Puis, ce seront la traductrice de la famille de Mawda, le passeur, le tireur, le « Premier » (ministre) et le « Secrétaire » (d'État à l'Asile et à la Migration), qui s'exprimeront tour à tour, suivis à chaque fois par un commentaire de Mawda.

Selon Vincent Engel, la mise en fiction permet à la fois de présenter l'ensemble des éléments du dossier de manière accessible aux lecteurs et d'incarner sous la forme de personnages des individus qui, dans les récits de la presse, avaient été réduits à leurs noms ou à leur fonction et ainsi paradoxalement anonymisés. Le personnage de Mawda insiste par exemple sur l'histoire d'amour de ses parents, motif de leur exil, car leurs familles respectives n'étaient pas d'accord avec leur union. La fiction est aussi l'occasion de pointer les vraies responsabilités, qui sont celles des politiques.

> Vincent Engel (prenant le masque du policier tireur) :
> JE NE SUIS PAS UN TUEUR. Je suis policier, j'aime mon métier. On est là pour protéger les gens et faire respecter la loi. Qu'est-ce que vous voulez que je vous dise? Vous avez tout lu dans la presse. Le pire et le moins pire. Nous, on obéit. Les ordres viennent d'en haut. De notre hiérarchie. Du ministre de l'Intérieur. Ce sont eux qui veulent qu'on fasse du chiffre sur les migrants[1].

Le personnage du policier ne se cache néanmoins pas derrière ses supérieurs. Avec une lucidité désabusée, il explicite le statut de l'opération Medusa :

1 *Ibid.*

Vincent Engel (prenant le masque du policier tireur) :
Le but de l'opération Medusa? Surveiller les parkings « dans le cadre de la problématique des migrants ». Autrement dit, en interpeller un maximum. Je sais, pour faire plus joli dans les médias, il vaut mieux dire que nous luttons contre les passeurs qui organisent un odieux trafic d'êtres humains. Les mots, ça sert souvent à se foutre du monde, vous ne trouvez pas[1] ?

Point culminant de cette critique de la politique migratoire délivrée *via* la fiction, il y a le duo du Premier et du Secrétaire, sous-titré : « À ne pas confondre avec Laurel et Hardy, qui étaient drôles et inoffensifs[2]. » C'est à mon sens ici que la fiction est politiquement percutante : dans la dérision acerbe qui ose railler les puissants, leur fait dire tout haut ce que masque leur langue de bois (pour le « Premier »), ou revendiquer haut et fort leur position de fond, déjà transparente dans leurs coups de tweet (pour le « Secrétaire »).

Cette lecture m'a toutefois amenée à me poser la question du juste ton à adopter pour parler de l'affaire Mawda. L'usage de la fiction est-il légitime dans ce contexte? Le récit de Vincent Engel mêle des éléments de vérité à d'autres qui sont entièrement inventés, d'où certains effets de dissonances, qui me semblent problématiques. C'est particulièrement frappant lorsqu'il fait parler le personnage de Mawda.

Vincent Engel (prenant le masque de Mawda) :
JE SAIS, VOUS ALLEZ DIRE que ce n'est pas possible. Pas possible qu'une petite fille de deux ans parle comme ça. Et en français encore bien, alors qu'elle commençait

1 *Ibid.*, p. 58.

2 *Ibid.*, p. 69.

seulement à baragouiner le sorani. Et pourtant, là, vous m'entendez, pas vrai ? Vous savez que j'ai deux ans et que j'aurai toujours deux ans. Vous n'avez pas miraculeusement appris le sorani pendant la nuit. Vous ne savez même pas ce qu'est le sorani. Moi bien. Maintenant, je sais tout. Le sorani est un des trois dialectes kurdes, celui qu'on parle dans le nord du Kurdistan iranien et au Kurdistan irakien. Pas loin de sept millions de locuteurs. Parole de Wikipédia. Sept millions ; autre chose que le wallon, hein[1] ?

À mon avis, le ton railleur qu'il fait adopter à Mawda sonne faux, tout comme la longue digression qu'il lui fait tenir au sujet de Johnny Halliday – le chanteur censé passer à la radio au moment de la « course-poursuite » :

> Vincent Engel (prenant le masque de Mawda) :
> Noir c'est noir… Il n'y a plus d'espoir. Vous pouvez rire, ça fait du bien. C'est nécessaire. Je ne connaissais pas Johnny. Au Kurdistan, personne ne le connaît […]. Je parle de lui parce que le chauffeur de la camionnette avait branché la radio […]. À un moment, j'ai entendu le nom de Johnny Hallyday après une chanson. Je n'avais rien compris aux paroles, mais j'avais aimé la voix et la guitare qui l'accompagnait. Ça m'avait rappelé les rares bons moments dans les camps, quand quelqu'un sortait une guitare ou un accordéon, et on chantait des chants du monde entier, pas spécialement du Johnny, voire jamais du Johnny […]. Puis il y a eu un choc. Maman et moi nous nous sommes écrasées contre le voisin. Au même moment, un bruit sec. Une douleur terrible qui m'a coupé le souffle […]. Je ne

1 *Ibid.*, p. 11.

> sens plus que la chaleur des doigts de maman sur moi, sur mon visage. Juste la chanson de Johnny et ses échos dans ma tête. Et puis, j'ai oublié de vivre[1].

Le lecteur, qui reconnaît forcément les allusions à des titres de chansons de Johnny Halliday jusque dans l'ultime phrase de Mawda, peut-il réellement être pris par l'émotion à ce moment-là ? Ces références n'induisent-elles pas plutôt un effet de distanciation, ici contre-productif ? Ne pourrait-on pas trouver choquante l'apparente légèreté de cette intrusion de jeux de mots dans un contexte aussi grave ?

Vincent Engel a eu la générosité de relire mon manuscrit et nous avons eu à cette occasion un échange très stimulant. Il m'écrivait notamment ceci :

> […] Ce qui a perdu les républicains espagnols, ce n'est pas seulement la force de leur adversaire ; c'est que ce dernier était « uni », alors que les républicains comportaient des factions qui se combattaient. Le camp des démocrates (au sens où toi et moi l'entendons) n'est pas uni, et nos « adversaires » font tout pour nous diviser […]. Il faut lutter contre tant d'ennemis ! […] Face à nous, des bulldozers comme Francken, Orban, Trump, Poutine[2]…

J'ai un instant été tentée de lui donner raison et de modifier mon texte en effaçant mes critiques à son égard. Car, oui, nous sommes bel et bien du même côté dans la lutte et ce sont à des Goliath que nous nous affrontons. Mais faut-il sacrifier le débat de pensée au nom de l'action ?

---

1 *Ibid.*, p. 64-67.

2 Courriel du 3 février 2023.

Pour abonder dans son sens, cependant, combien de fois n'ai-je pas constaté les nuisances provoquées par les dissensions au sein des mouvements de soutien aux migrants, au nom du soupçon d'illégitimité, de volonté de pouvoir cachée, etc. ? Combien de fois n'ai-je pas déploré leurs effets pervers sur la cause qu'il s'agissait de défendre ?

Si j'avais été une militante ou une activiste, j'aurais pu me sentir justifiée d'aplanir les différends de méthode au nom d'une unité d'action. Mais, en tant qu'intellectuelle cherchant à tracer son chemin d'action par l'écriture, entre la philosophie et la philologie politique, mon positionnement est différent. Je pense que, si nous nous devons d'être toutes et tous *unis dans l'action*, il est souhaitable que nous soyons tous et toutes *divisés dans la réflexion*.

Ce *lien dans la division*, l'historienne Nicole Loraux l'a magnifiquement thématisé et travaillé. C'est, en grec ancien, la *stasis*, qu'on pourrait traduire par « sédition », qui fonctionnait comme moteur paradoxal de la démocratie athénienne antique[1]. C'est pourquoi, dans un monde où l'on recherche à tout prix le consensus, je parie sur la force créative et transformatrice du dissensus. Car ce n'est qu'à frôler la cassure irréparable qu'un véritable débat peut exister et qu'on peut parvenir à s'entendre dans nos différences, conditions pour agir politiquement ensemble.

La ligne du dissensus théorique avec mon propre positionnement paraît ici claire. Vincent Engel a choisi l'arme de la fiction, parce qu'elle serait avant tout capable de susciter des émotions. Et il entend que son propos soit complété par celui du journaliste Michel Bouffioux, quant à lui du côté de l'argumentation et de l'appel à la raison :

---

1 Loraux Nicole, *La cité divisée. L'oubli dans la mémoire d'Athènes*, Paris, Payot, [1997], 2019.

Vincent Engel (en son nom propre) :
La fiction est une manière de dire le monde, l'espoir et la souffrance. La presse d'investigation en est une autre. À la suite de ce récit, on trouvera le dossier complet de l'enquête réalisée par Michel Bouffioux pour *Paris Match Belgique*, un travail remarquable de rigueur et de précision, qui a été une source d'information majeure pour ce texte-ci. Il apporte un complément indispensable pour offrir aux lecteurs une compréhension objective et complète de ce qui s'est passé[1].

La fiction, aussi qualifiée par son auteur de « roman choral », me semble donc avoir comme fonction principale de réaliser une forme de *captatio benevolentiae,* entendue comme préalable nécessaire pour convaincre de s'attaquer à la lecture du dossier. L'usage de l'émotion est donc ici avant tout rhétorique. De plus, le ton ironique, voire satirique, qui est omniprésent dans tout le texte, convoque des émotions d'un certain type, dont la plus évidente est l'indignation. On pourrait parler d'émotions au service de la raison. On assiste donc en pratique à un renversement du positionnement théorique revendiqué au départ : il y a en réalité *une priorité accordée à la raison* dans ce roman choral, qui utilise les émotions seulement comme vecteurs.

Vincent Engel et Michel Bouffioux ont donc fait le choix de conjoindre leurs forces pour inviter à un devoir d'enquête. Compte tenu des dysfonctionnements du système judiciaire, ils considèrent qu'il revient à leurs lecteurs et à leurs lectrices de réexaminer tous les éléments du dossier Mawda.

Je suis entièrement d'accord avec cette finalité mais j'insisterais pour ma part sur ce point : *c'est par des citoyens et des ci-*

1 Engel Vincent et Bouffioux Michel, *Deux ans et l'éternité, op. cit.*, p. 9.

toyennes dans l'exercice de leur fonction que ce devoir d'enquête doit être mené. Pour ce faire, il faut *présumer s'adresser à des adultes autonomes, tout aussi critiques qu'empathiques.* Or dans la société dans laquelle nous vivons, tout est fait pour nous infantiliser en consommateurs dociles, pour nous transformer en « masses » irrationnelles guidées par des émotions aussi versatiles que des *like* sur Facebook. Face à cette situation, les auteurs de *Deux et l'éternité* ont fait le choix d'une autre stratégie que la mienne, sans doute plus pédagogique : d'abord, s'adresser à l'émotion. Ensuite, à la raison. Ils ont pris acte de la difficulté de nos contemporains à mobiliser la concentration nécessaire pour se plonger dans un dossier complexe, dans un monde régi par le *zapping* ultra-simplificateur.

Je fais quant à moi le pari inverse. Je choisis de m'adresser *en même temps* à la raison et aux émotions, en n'épargnant à personne les tours et détours dans le détail des multiples discours[1], ni les commentaires critiques et « affectés » que j'en fais. Je prends le risque conscient de perdre des lecteurs et des lectrices en cours de route. Je fais le pari d'éveiller peu à peu leur *goût* pour la philosophie en acte[2]. J'insiste sur cette notion de pari : *rien* ne peut me garantir *a priori* que le choix que je pose sera d'une plus grande justesse que celui de Vincent Engel et de Michel Bouffioux. C'est cette incertitude même

1 Platon, *Phèdre*, 274a : « Si le cheminement est long, ne t'étonne pas. Lorsqu'on vise ce qui est important, les détours sont nécessaires. »

2 Au sens où Gilles Deleuze en parlait dans son cours n° 67 du 30 octobre 1984, comme d'un « goût » qui flaire le « cri » sous la méthode issue de lui pour le rendre audible rationnellement : <http://www2.univ-paris8.fr/deleuze/article.php3?id_article=4>. J'entends donc *travailler avec* mes lecteurs et mes lectrices dans un esprit socratique, qui n'est pas sans évoquer celui de l'architecte incarné par Henry Fonda dans le film *Twelve Angry Men* de Sidney Lumet (1957). Voir Klimis Sophie, « La délibération du jury, un exercice politique? *12 Hommes en colère* », dans *Penser, délibérer, juger : pour une philosophie de la justice en acte(s)*, Louvain-la-Neuve, De Boeck, 2018, p. 29-62.

qui fonde pour moi la nécessité de la pluralité de nos choix et de nos voix.

Instruire le cas Mawda

Pour amener le lecteur frileux et dubitatif à ne plus se fermer les yeux ni à se boucher les oreilles, pour transformer son désarroi en doute méthodique orienté en direction des institutions, il nous faut passer à l'examen du procès. Un procès qui eut lieu deux ans et demi après la mort de Mawda. Un procès qui fut instruit par des professionnels dans le cadre du tribunal correctionnel de Mons et non par un jury d'assises composé de citoyennes et de citoyens tirés au sort, alors qu'en Belgique le jury d'assises est pourtant de mise pour les crimes graves. Ce procès, dont la première journée d'audience s'est tenue le 23 novembre 2020, fut conjointement celui du policier auteur avéré du tir et des présumés passeur et chauffeur de la camionnette.

Le verdict, prononcé le 12 février 2021, fut le suivant : le policier a été déclaré « coupable d'homicide involontaire par défaut de précaution ou de prévoyance ». Il a été condamné à un an de prison avec sursis et à une amende de 400 euros. Le chauffeur de la camionnette a été condamné à quatre ans de prison ferme pour « entrave méchante à la circulation et rébellion armée ». Le supposé passeur a quant à lui été acquitté au bénéfice du doute. Le policier auteur du tir a fait appel, son avocat demandant l'acquittement. Le verdict de ce procès en appel a été prononcé le 4 novembre 2021. La cour n'a pas modifié sa qualification des faits mais elle a réduit la peine du policier de douze à dix mois de prison avec sursis. L'amende a été réduite aux cinquante euros des seuls frais administratifs.

Ce verdict judiciaire est censé mettre un point final à l'affaire Mawda. Son simple énoncé suscite pourtant déjà à lui seul une série de questions : « homicide involontaire » est-il vraiment le chef d'inculpation adéquat pour qualifier l'acte du policier, à partir du moment où le tir ne peut pas avoir été accidentel ? En miroir, comment comprendre l'inculpation pour « rébellion armée » du chauffeur, quand ce dernier n'a jamais eu en sa possession aucune arme ? Et comment justifier ce qui ne peut apparaître que comme une logique du « deux poids deux mesures » dans l'évaluation des peines, puisque le responsable direct de la mort de Mawda échappe *de facto* à l'emprisonnement tandis que le chauffeur écope de quatre ans de prison ferme ? Enfin, que nous dit la suppression de l'amende, comme dédommagement symbolique – déjà en lui-même dérisoire – lorsqu'il s'agit de la perte irréparable d'une enfant ?

Puisqu'en tant que citoyens et citoyennes, nous avons été écartés du processus du jugement de l'affaire Mawda, il nous incombe de *continuer à instruire le cas-Mawda*. Car, politiquement parlant, la vérité judiciaire est ici inacceptable. Après la marche blanche qui a directement suivi la mort de Mawda, et dans le sillage du reportage de Michel Bouffioux, c'est d'abord une télévision indépendante créée par des personnes « sans-papiers », *Sans-papiers TV* devenue par la suite *ZIN TV média d'action collective*, qui a continué à couvrir l'enquête de manière critique, en organisant des débats en ligne ainsi que des ateliers de réflexion et des émissions spéciales sur des sujets tels que la représentation médiatique des violences policières ou encore leur impunité judiciaire[1].

1 ZIN TV, <https://zintv.org/justice-et-verite-pour-mawda-agenda-articles-et-videos>, consulté le 25/01/2022.

Ce sont eux aussi qui avaient filmé les Journées d'études « Mawda, où en est l'enquête ? » en 2019.

Puis, ce sont des artistes qui leur ont emboîté le pas, toujours en se fondant sur la recherche pionnière de Michel Bouffioux[1]. En 2021, la metteure en scène Marie-Aurore d'Awans et la cinéaste et journaliste Pauline Beugnies ont créé au théâtre flamand du KVS un spectacle bilingue intitulé « Mawda ça veut dire tendresse[2] ». Par un hasard de calendrier, la première a eu lieu le 30 septembre 2021, soit le jour même où débutait le procès en appel du policier auteur du tir qui a tué Mawda. Ce spectacle, qui tourne depuis partout en Belgique, est au cœur d'une série d'activités culturelles et pédagogiques, ainsi que d'actions politiques. C'est ensuite en novembre 2021 au Manège Fonck à Liège, que le metteur en scène Jean Vangeebergen a créé avec sa compagnie Zü Club une autre pièce intitulée *M.A.W.D.A. en cinq lettres*[3]. Explicitement qualifiée par son créateur de « spectacle d'expertise citoyenne », cette pièce a elle aussi généré un ensemble d'activités citoyennes. D'autres artistes se sont mobilisés, comme le dessinateur Manu Scordia, qui est en train de préparer une BD intitulée « Mawda[4] ».

Sur le plan associatif, un second collectif citoyen *#Justice4Mawda* s'est constitué en vue d'interpeller les députés du parlement belge pour qu'ils créent une commission

---

1 Jowa Emmanuelle, *Paris Match*, 24/10/2021, <https://parismatch.be/actualites/societe/518563/spectacles-fiction-bd-affaire-mawda-contre-enquete-et-culture>, consulté le 25/01/2022.

2 KVS, <https://www.kvs.be/fr/agenda/609/Marie_Aurore_D_Awans_Pauline_Beugnies_KVS/Mawda_ca_veut_dire_tendresse>, consulté le 25/01/2022.

3 *Théâtre contemporain.net*, <https://www.theatre-contemporain.net/spectacles/M-A-W-D-A-en-cinq-lettres>, consulté le 25/01/2022. Je n'ai malheureusement pas pu assister à une représentation de cette pièce.

4 Jowa Emmanuelle, *Paris Match*, 24/10/2021, *op. cit.*

d'enquête parlementaire[1]. En effet, si le judiciaire a fait le procès des individus directement impliqués dans l'affaire Mawda, une telle commission semblait être le seul moyen légal à disposition pour mettre en évidence et juger des responsabilités politiques. Enfin, nous allons voir qu'une ONG, l'association « Défense des enfants international », s'est saisie d'une toute nouvelle disposition légale afin de pouvoir, réellement, assigner l'État belge en justice.

Petit à petit s'est donc constituée une forme de *mouvement citoyen choral travaillant à ce que le sens du cas-Mawda demeure vivant*, en renouvelant les manières d'agir à son propos et de raconter son histoire. Je choisis ici de qualifier ce mouvement de « choral », bien que ces actions n'aient pas été concertées, parce qu'elles annoncent *l'inventio*[2] d'une forme spécifique de subjectivation politique[3], qui est celle du chœur. En effet, dans la cité antique d'Athènes, faire partie d'un chœur – qu'il ait été de tragédie, de comédie ou de dithyrambe –, constituait une forme d'apprentissage (*paideia*) de la citoyenneté[4]. Par la *répétition*, durant une année, d'un travail d'ajustement des corps et des voix, par l'épreuve d'une parole fluant sans cesse du cri à l'argumentation en passant par le chant, se réalisait l'*initiation* dionysiaque à l'unité dynamique de l'affect (*pathos*)

1 *#Justice4Mawda*, <https://www.justice4mawda.be>, consulté le 25/01/2022.

2 J'entends ici ce terme selon son sens latin de « créer pour retrouver ».

3 Je rejoins sur ce point l'analyse de Vander Elst Martin <https://odpnews.com/societe/2019-05-19-mawda-Medusa-une-nouvelle-politique-de-la-race>, consulté le 4/02/2022, tout en travaillant à partir d'un autre référentiel de pensée.

4 Alors que les héros principaux étaient incarnés par des acteurs professionnels, les membres des chœurs étaient des citoyens. Ces derniers étaient exemptés de toutes leurs charges politiques et militaires durant une année entière (le temps dévolu aux répétitions) jusqu'à la performance unique, lors des concours théâtraux des Grandes Dionysies. Chanter et danser dans un chœur semble donc avoir été considéré comme un acte politique à parti entière, au même titre que délibérer à l'Assemblée ou juger au tribunal de l'Héliée. Klimis Sophie, *Le penser en travail. Castoriadis et le labyrinthe de la création grecque. 1.* Polis. *De la société capitaliste à la cité des Athéniens*, Paris, Presses de l'université de Nanterre, 2020, p. 333-336.

et de la raison pratique (*phronèsis*) pour les citoyens choreutes[1]. Il faut aussi souligner la tension et la complémentarité entre le caractère *éphémère* et singulier de l'unique performance finale (tragédie, comédie, dithyrambe), destinée à remporter un concours et la *permanence* de son cadre général[2], le festival religieux des Grandes Dionysies d'Athènes[3].

Dans le cas qui nous occupe, c'est *la répétition dans la diversité* qui me semble constituer la force chorale de ce mouvement citoyen. Ces multiples actions (marcher, dire, redire, montrer, représenter, dessiner, émouvoir, analyser, interpréter, dénoncer, juger), parce qu'elles sont toutes différentes mais qu'elles ont une unité focale, parce qu'elles ont été ponctuelles mais qu'elles se sont succédées sur la durée de plusieurs années, ont créé ensemble l'espoir d'une puissance politique : celle de transformer le discours courant et les mentalités au sujet de l'affaire Mawda. Avec comme horizon une transformation concrète de nos institutions.

J'entends ici joindre ma voix à ce mouvement choral, en tentant de faire résonner son harmonique philosophique, puisque telle est ma spécialité. Je commencerai donc par livrer aux lecteurs la manière dont j'ai suivi les comptes rendus du procès dans les médias, au jour le jour. Puis, dans le sillage du travail indissociablement théorique et pratique du philosophe et militant Cornelius Castoriadis, je me risquerai à *élucider* la création sociale en cours. Tout comme lui, je considère en effet que le rôle du philosophe n'est pas d'inventer ni d'imposer des programmes d'action mais plutôt *d'accompagner* les mouvements sociaux en faisant ressortir leurs lignes de force. Pour le cas qui nous occupe, je tenterai donc

---

1 Klimis Sophie, *Archéologie du sujet tragique*, Paris, Kimé, 2003.

2 Dupont Florence, *L'insignifiance tragique*, Paris, Gallimard, 2001.

3 Klimis Sophie, *Le penser en travail, op. cit.*, p. 320-336.

de déconstruire ce que je nomme l'effet-Medusa, c'est-à-dire de sortir de la sidération dans laquelle le récit officiel nous a plongés, en dialogue avec les discours critiques qui ont déjà été produits dans une visée similaire. En parallèle, je chercherai à mettre à jour le mouvement opposé et complémentaire à l'effet-Medusa, que j'ai baptisé : l'élan-Mawda.

Mon Journal du procès

Jeudi 19 novembre 2020

J'écoute la radio en prenant mon petit déjeuner et j'ai la surprise d'entendre soudain parler de l'affaire Mawda dans des termes que je n'aurais plus cru audibles dans les médias traditionnels. La chroniqueuse et écrivaine Adeline Dieudonné évoque le procès qui va bientôt s'ouvrir et rappelle les faits sans langue de bois. Elle déplore que « sur le banc des accusés, il n'y aura pas le secrétaire d'État à l'Asile et à la Migration de l'époque, dont l'essentiel du travail pendant son mandat aura consisté à criminaliser et à déshumaniser ces exilés qui fuient des pays invivables pour flatter son électorat xénophobe ; pas de ministre ni de hauts fonctionnaires de la police judiciaire, qui mettent en place des opérations de chasse aux migrants irresponsables risquant la vie des migrants eux-mêmes, mais aussi celle des policiers et celle des automobilistes présents sur l'autoroute. Pas de représentants européens qui refusent de mener une politique d'accueil concertée et réfléchie entre les pays de l'espace Schengen, et qui poussent les exilés vers des réseaux criminels de passeurs à force de les pourchasser. Et puis, nous, nous n'y serons pas non plus, nous qui avons élu ces gens et qui nous habituons peu à peu à l'horreur de ce que nous appelons pudiquement la crise migratoire [...][1] ».

Vendredi 20 novembre 2020

Je reçois un message collectif de David Jamar, de l'université de Mons. Il est adressé à toutes les personnes et aux associations qui ont signé un Appel unitaire visant à étendre la demande de démantèlement des opérations Medusa à toutes celles de Frontex, et donc à abolir les politiques racistes et meurtrières des frontières de l'Europe[2]. Cet Appel enjoint aussi les politiciens et les politiciennes, – et particulièrement celles et ceux appartenant aux partis dits « traditionnels » ou « républicains » – à prendre leurs responsabilités et à agir pour lutter efficacement contre les violences policières et le racisme institutionnel en général. Enfin, la demande citoyenne est aussi d'instaurer un nouveau droit à la migration, plus instruit des dérèglements climatiques et des inégalités structurelles postcoloniales.

Lundi 23 novembre 2020

Après avoir été reporté plusieurs semaines à cause du coronavirus, le procès « Mawda » s'ouvre ce lundi matin à Mons. Ce procès est supposé se régler en deux jours. Cela me paraît d'emblée plutôt expéditif. La radio et les journaux sont assez laconiques. Je dois chercher sur internet pour trouver *a posteriori* un compte rendu un tant soit peu substantiel de

1 La retranscription de l'intervention d'Adeline Dieudonné sur l'antenne de *La Première* (RTBF) est mienne.

2 *Le Vif*, 17/11/2020, <https://www.levif.be/actualite/belgique/justice-et-verite-pour-mawda-carte-blanche/article-opinion-1358109.html>, consulté le 20/11/2020.

cette première audience et des suivantes. Je les trouve sur le site de *L'observatoire des violences policières en Belgique*[1].

Ce sont les experts qui sont d'abord entendus : le médecin légiste qui avait procédé à l'autopsie de Mawda, puis l'expert balistique. Ce dernier affirme *à la fois* qu'un tir « par réflexe ou crispation est possible » *et* « qu'une arme de ce type avec la force nécessaire à la détente, soit 28 newtons (équivalant à 3 kg) et un déplacement de la gâchette de presque un centimètre a pour vocation d'éviter un tir accidentel ». *Ces deux affirmations sont bien sûr contradictoires.* L'expert conclut en tentant de réaliser la quadrature du cercle : « Le tir accidentel est difficile, mais cela reste une possibilité. »

La présidente interroge ensuite les deux inculpés irakiens. Le chauffeur présumé affirme qu'il n'était que passager. Elle lui signale que son ADN a été retrouvé sur des mégots abandonnés à l'avant du véhicule. Quant au présumé passeur, il conteste avoir été le convoyeur de cette camionnette, tout en précisant que les trafiquants lui avaient demandé depuis l'Allemagne d'acheter une camionnette et de se rendre à la Jungle de Calais. Lui aussi n'aurait donc été qu'un passager.

Enfin, c'est le policier auteur du tir qui est entendu. Il nie avoir eu connaissance de la présence d'enfants dans la camionnette : « Si je l'avais su, je n'aurais jamais sorti mon arme de mon étui. » Comme le souligne l'auteur du compte rendu, ceci revient à dire qu'il savait très bien ce qu'il faisait en sortant son arme. Le policier affirme ensuite : « Lors de ma formation en 2008, il nous était déconseillé de tirer dans les pneus d'un véhicule en mouvement, mais je me suis dit que j'allais essayer, je n'avais pas d'autre choix. »

1 *Observatoire des violences policières en Belgique*, <https://obspol.be/actualite>, consulté le 23/11/2020. C'est de ce texte que sont tirés tous les éléments du procès ici évoqués et toutes les citations.

On relaiera à nouveau la question de l'auteur du compte rendu : « De quel choix parle-t-il donc ? » La camionnette constituait-elle un tel danger pour l'ensemble des usagers de la route, qu'il aurait fallu l'arrêter à n'importe quel prix ?

Le policier cherche visiblement à se couvrir en invoquant cette formation qui n'interdit pas mais « déconseille » de tirer sur un véhicule en marche. Je repense au manuel litigieux mentionné dans le rapport du Comité P. Une nouvelle piste de réflexion se fraie peu à peu un chemin dans mon esprit : est-ce à dire que les policiers qui participent à des opérations Medusa reçoivent une formation spécialisée en « gestion de la violence » ? Auquel cas, il m'apparaît évident que les migrants sont a priori considérés comme des criminels.

Mardi 24 novembre 2020

Ironie tragique des titres égrenés à la radio ce matin : la présentatrice des infos évoque le second jour d'audience du procès Mawda. Puis, elle passe sans transition à l'annonce de la « tolérance zéro pour la violence à l'encontre des policiers : le ministre de la Justice annonce qu'une circulaire est prête ».

Lorsque je me remets à la lecture du compte rendu de l'audience, je lis d'abord la prise de parole du père de Mawda. Il insiste sur le fait que Mawda est toujours restée sur les genoux de sa mère et précise : « C'est l'autre famille qui a exhibé ses enfants par la fenêtre à la police, pas nous. »

Terrible constat de la reprise par les victimes elles-mêmes de la rhétorique de « l'enfant-bouclier » ! Je suis néanmoins troublée et je vais relire les pièces du dossier. Je comprends mieux le processus de fabrique de la fiction policière, depuis sa visée consciente (masquer la bavure du policier tireur) jusqu'à ses ressorts peut-être en partie inconscients : des jeux de déplacement sur des signifiants liés au monde animal (« biche » et « bélier ») et à la technique (« pied-de-biche », « bélier machine de guerre », « bouclier »). Je me représente maintenant la scène litigieuse : des migrants tellement terrifiés par la prise en chasse de la police, que parmi eux des parents, pris de panique, en viennent à montrer le haut du corps de leurs enfants qu'ils serrent par ailleurs dans leurs bras. Pas une « exhibition », mais un geste désespéré d'imploration. Les hypothèses de « l'enfant-bélier » et de « l'enfant-bouclier » ont servi à masquer la vérité des enfants indiqués pour être protégés.

La suite du récit du père de Mawda me laisse sous le choc : « En sortant j'ai repris Mawda des bras de sa maman. Il y avait une fontaine de sang. J'ai crié en demandant une ambulance. Mais les agents m'ont repris Mawda et m'ont agressé dans le dos et dans la partie basse de mon corps, j'ai crié “Ambulance! Ambulance!” Je n'ai pas de mots pour décrire cette situation. Ils nous ont traités de manière inhumaine. Quand l'ambulance est arrivée, ils ne nous ont pas laissés accompagner notre fille. » Le père dit avoir vu le policier prendre son arme et tirer « sans hésitation ». Depuis lors, « quand son fils voit un policier en rue, il pleure ». Après que sa fille soit partie avec l'ambulance, il n'a pu la revoir qu'après l'autopsie…

La mère de Mawda parle ensuite, très émue. Elle précise : « La police a agressé mon mari après avoir jeté Mawda par terre […]. Je voulais aller dans l'ambulance mais une policière m'a tirée par les cheveux et traînée hors de l'ambulance. Comment peut-on être si inhumain ? » En larmes, elle interpelle le policier : « Même s'il n'y avait pas eu d'enfants dans la camionnette, pourquoi avez-vous tiré? Comment vous sentez-vous si vous ne voyez pas vos enfants pendant une journée? J'ai du respect pour la police et son travail mais je ne souhaite à personne de vivre ce que j'ai vécu. S'ils ont commis des erreurs, il faut que le monde le sache. Pareil si j'ai fait quelque chose de mal. Il est impossible qu'il n'ait pas vu les enfants [...]. Il savait qu'il y a quelqu'un qui conduit la camionnette, sa vie n'a-t-elle pas de valeur ? »

L'avocate générale prend la parole et évoque à nouveau le contexte de l'affaire. Dans son réquisitoire, « elle estime que le policier n'a pas mesuré les conséquences de son tir alors qu'il savait qu'au moins un enfant se trouvait à bord. Elle déplore aussi le fait qu'il n'assume pas ses responsabilités ». Elle précise que « les 27 personnes qui se trouvaient à bord seront scrupuleusement surveillées par la police qui soupçonne que l'une d'entre elles porte l'arme qui a tiré le coup de feu car on ne sait pas encore que l'auteur en est le policier. Le médecin légiste va conclure à la mort de la fillette suite à un traumatisme crânien, peut-être dû à une chute car Mawda aurait été exhibée comme bélier par la fenêtre de la camionnette. J'ai beau chercher d'où vient cette information, je ne trouve pas. Si un officier de police a diffusé cette information erronée, il est hors de question de penser que la police a essayé volontairement de couvrir un policier et de faire porter le chapeau du drame uniquement par les migrants présents sur place. Suite à ces conclusions, le magistrat de garde demande donc la privation de liberté de l'ensemble des migrants ».

Alors que ce réquisitoire à charge et à décharge devrait apporter de la clarté, il m'apparaît comme un étrange imbroglio : l'expression « exhibée comme un bélier » n'a aucun sens. L'avocate générale confond les deux thèses de l'enfant-bélier et de l'enfant-bouclier, montrant bien qu'elle ne les a pas réfléchies. Le mécanisme de répétition passe dans la langue, pas par le jugement. Par ailleurs, comment peut-elle affirmer qu'elle n'a pas trouvé la source de l'information erronée concernant la mort de Mawda par traumatisme crânien, alors que le procès-verbal existe ? Comment peut-elle en parallèle nier catégoriquement que la police ait tenté de se couvrir ? Comble de l'absurdité indécente, comment peut-elle présenter l'emprisonnement des migrants comme la conclusion logique du fait qu'il soit « hors de question de leur faire porter le chapeau ? »

L'anamnèse continue : « Vers 18 h, le lendemain, la juge d'instruction apprend que Mawda est décédée suite à un tir balistique. Elle demande à ce que l'arme du policier soit à nouveau saisie. » L'avocate générale poursuit en soulignant les affirmations contradictoires du policier : « Dans ses déclarations, il affirme que la communication radio avec ses collègues de Namur était impossible et qu'il n'a jamais entendu parler d'enfant. Or dans sa première déposition, il évoque le fait qu'un enfant a été brandi par la fenêtre. »

Après ce discours à charge lourd pour le policier, l'avocate générale me semble opérer un revirement inattendu : « Si l'inculpation a été tardive, c'est uniquement parce que le dossier a nécessité nombre d'actes, d'expertises et de reconstitutions [...]. Aucun élément ne permet de démontrer que le tireur était animé de l'intention de tuer ou qu'il avait conscience que son geste allait entraîner un décès. Par contre, la faute constitue un défaut manifeste de prudence et de prévoyance. Sa volonté de vouloir occasionner une crevaison lente n'est pas l'attitude que tout policier normalement constitué aurait adoptée. C'est une pratique proscrite, comme l'ont confirmé tous les policiers interrogés et comme il est censé le savoir. Il devait envisager que la situation allait déraper. C'était inéluctable [...]. C'est donc en connaissance de cause qu'il a pris les risques. »

Je tique sur le « normalement constitué »... Est-ce à dire que l'avocate générale considère que le policier ne jouirait pas de toutes ses facultés mentales ? Pourquoi alors insister en parallèle sur son autonomie (« sa volonté », « en connaissance de cause ») ?

Je suis aussi frappée par la radicalité solennelle de l'expression « pratique proscrite » et de l'adjectif « inéluctable ». Je suis troublée par la mise en lien implicite de la loi (le fameux article 38 qui « proscrit », pourtant jamais cité) et d'une figure tragique du

Destin. Invoquer « l'inéluctable » ne revient-il pas encore une fois à braquer le projecteur sur le seul policier, porteur de la « faute », en laissant dans l'ombre la responsabilité des institutions policières et politiques ?

Cette impression d'un masque moralisateur persiste lorsque je lis le compte rendu de la conclusion du réquisitoire : « Insistant sur le fait que le policier refuse de s'amender et se réfugie toujours derrière la faute d'autrui, l'avocate générale estime qu'il refuse de reconnaître sa responsabilité dans le drame et manque de compassion et de dignité. Elle demande donc à son encontre une peine d'un an de prison avec sursis. »

Stigmatisation, infantilisation, dénonciation moralisante : le policier semble bel et bien avoir été transformé en bouc émissaire. La conclusion (« donc ») semble presque sonner de manière ironique : ce crescendo dans la culpabilisation pour déboucher sur… un an de prison avec sursis ?

Peine dérisoire, d'autant plus que le procureur qui prend la parole après l'avocate générale demande quant à lui dix et sept ans de prison ferme pour le chauffeur et le passeur présumés, « pour entrave méchante à la circulation avec pour conséquence la mort ainsi que la rébellion armée ». C'est donc clairement le chauffeur qui est considéré comme étant le responsable de la mort de Mawda par la Justice belge, et pas le policier !

L'avocate générale reprend la parole, sur un mode compatissant à l'adresse des parties civiles. Sans aller jusqu'à leur demander pardon, elle affirme « être parfaitement consciente de la douleur et de la colère qui est la leur, en raison du peu de cas accordé aux 27 migrants qui n'ont pas bénéficié des égards dus aux victimes de la traite des êtres humains »…

J'interromps ma lecture : comment oser parler de la sorte à des personnes avant tout victimes des brutalités policières ?

Je reprends ma lecture : « Elle pointe aussi le médecin légiste qui ne s'est pas rendu à l'hôpital, se limitant à un appel aux urgentistes, qui n'ont pas vu la blessure par balle, si bien que ce n'est qu'avec retard que l'on a compris la cause de la mort de Mawda. »

Mais le meilleur est pour la fin : « Et de conclure, dans une critique à l'égard du politique, qu'elle craignait que de nombreuses questions soulevées par la famille devant le tribunal ne puissent pas y trouver des réponses, car “elles dépassent de loin le cadre de cette enceinte et de cette procédure. Ce que je déplore et regrette, je vous en assure”. »

On entendra ensuite l'avocat du policier inculpé, ainsi que l'avocat de l'État belge, lequel est représenté en tant qu'employeur du policier. L'avocat du policier insiste sur le fait que son client a « agi par réflexe plutôt que par mûre réflexion », bref qu'il s'agissait d'un tir accidentel, non-intentionnel. L'avocat argumente par ailleurs comme si le policier avait été seul dans la voiture. Or, nous avons vu dans le témoignage évoqué par Michel Bouffioux que son coéquipier l'avait averti du fait que la camionnette était remplie de migrants.

L'audience est suspendue jusqu'au 10 décembre.

Jeudi 10 décembre 2020

Reprise du procès Mawda avec les répliques des parties civiles, de l'avocate générale et de la défense du policier[1]. L'avocate des parents de Mawda centre sa plaidoirie sur l'importance de la qualification juridique du tir du policier, notamment en se fondant sur l'expertise. En conclusion, affirme-t-elle, « soit il faut retenir l'homicide volontaire soit requalifier en coups et blessures volontaires sans intention de donner la mort. S'il avait conscience du risque létal, il faut retenir l'homicide volontaire. Si vous estimez qu'il n'avait pas conscience

1 RTBF, 10/10/2020, <https://www.rtbf.be/info/belgique/detail_affaire-mawda-reprise-du-proces-ce-jeudi?id=10650500>, consulté le 10/10/2020.

du risque létal, il faut retenir les coups et blessures sans intention de donner la mort ». Et elle ajoute : « Le policier n'est effectivement pas responsable des chasses aux migrants et du racisme structurel à la police. Ces responsabilités sont à trouver ailleurs. Mais le tribunal doit donner aux faits leur juste qualification. Et en terminer avec l'impunité lorsqu'il s'agit de violences policières. »

L'avocate générale considère que les problèmes de communication entre policiers ainsi que le manque de formation du policier sont « objectivés à suffisance » dans le dossier. Elle conclut : « Il n'en demeure pas moins que l'usage d'une arme à feu doit intervenir en des circonstances exceptionnelles, lorsqu'il n'y a pas moyen d'intervenir autrement. Les déclarations du policier ne collent pas avec la matérialité des faits. Il ne pouvait pas ignorer qu'il y avait au moins un enfant à bord – il l'a d'ailleurs reconnu dans sa première déclaration. Le dossier montre à suffisance qu'il y avait d'autres manières de procéder pour stopper la course de cette camionnette. »

Je suis interloquée par ces propos. Après avoir dit que l'usage d'une arme à feu était « formellement proscrit » dans les circonstances qui ont été celles de la poursuite, voici que l'avocate générale fait volte-face et laisse finalement toute la responsabilité à l'évaluation des policiers en situation. Qui plus est, elle semble ignorer la loi. La précision du motif de la légitime défense n'a rien à voir avec le flou de « circonstances exceptionnelles, lorsqu'il n'y a pas moyen d'intervenir autrement ». Mais la visée de son argumentaire, elle, semble n'avoir pas varié d'un iota depuis le début : l'avocate générale tente visiblement de faire porter au policier toute la responsabilité, voire, d'en faire un cas exemplaire pour « en finir avec l'impunité lorsqu'il s'agit de violences policières ».

Mais tout cela, ce ne sont que des mots. Car si elle peut s'offrir le luxe d'évoquer « les responsables des chasses aux migrants » et « le racisme structurel à la police », c'est bien parce que ce ne sont dans sa bouche que de purs syntagmes, comme le démontrera le jugement final.

Le compte rendu de l'Observatoire sur les violences policières précise que l'avocate générale « conteste avoir choisi une qualification des faits pour tenter d'éviter une cour d'assises et soutient que si elle avait été convaincue, même d'un dol éventuel, ce dossier aurait pris un tout autre cours. Mais dans le cas d'espèce, la version donnée par le policier et corroborée par les experts aboutit à un tir accidentel[1] ».

L'avocat du policier contre-argumente sur des points précis des plaidoiries adverses et persiste à affirmer que son client n'était pas au courant du fait que la camionnette était remplie de migrants. Il qualifie de « populiste » l'affirmation de la partie civile selon laquelle « toute une série d'éléments étaient venus parasiter le débat et empêcher qu'on parle du seul événement qui en vaut la peine (le tir) ». En effet, selon lui, cela revient à se focaliser sur le seul policier, alors que trois personnes sont poursuivies. « Le policier a-t-il eu conscience du risque létal de son geste ? – C'est ce sur quoi le tribunal va devoir statuer selon l'argumentation de Maître Benkhelifa. Pour le chauffeur et le passeur, la partie civile ne demande pas d'analyser cela [...]. On interroge la conscience de mon client ! Nous ne sommes plus dans les termes de la loi[2]. »

---

1 <https://obspol.be/actualite> consulté le 10 décembre 2020, sera la source pour toutes les citations de l'audience du 10 décembre qui suivent.

2 Voir Kennes Laurent (co-écrit avec Milecan Gilles), *Le Procès Mawda*, éd. Kennes, Loverval, 2022, où l'avocat du policier expose en détail sa version de l'affaire et du procès. Ce livre, édité par le frère de l'avocat, débute par la prise de parole d'autres personnes migrantes censées avoir été présentes dans la camionnette. Rien n'indique s'il s'agit d'une fiction ou d'un véritable témoignage... si ce n'est leur manière de parler, clairement plutôt celle de l'avocat ! Par ce flou délibéré entre fiction et réalité, la parole des migrants est instrumentalisée. L'avocat leur fait tenir des propos imaginaires visant à conforter sa propre stratégie. Celle-ci tient en deux mots-clés : victimisation et déresponsabilisation. Selon lui, les migrants sont avant tout les victimes des passeurs (donc : pas celles des policiers). Le policier auteur du tir est victime du système, on a fait de lui un bouc émissaire

Enfin, le policier inculpé lit lui-même un texte qu'il a préparé. Cela ressemble à un examen de conscience, ou à une forme de *mea culpa* dont on laissera chacun juge : « Comment en sommes-nous arrivés là ? Au départ, nous sommes tous à la recherche du bonheur : les gens qui changent de pays ou ceux qui changent de métier. Le malheur s'est installé le 17 mai 2018. Si j'avais le pouvoir de remonter le temps ! La mort d'un enfant c'est insupportable. Je sais qu'il est parfois difficile de pardonner. La maman de Mawda m'a demandé ce que je ressentirais si je perdais un enfant. Je serais dévasté comme vous. Jamais je n'ai voulu ce qui s'est passé. Toute ma vie j'ai essayé d'aimer les gens. C'est pour ça que je fais ce métier sinon ça ne marche pas. Malgré ce drame je vous souhaite de trouver le bonheur en Belgique. »

On soulignera que le compte rendu d'audience de la RTBF s'arrête là, alors qu'une seconde partie de l'audience fut consacrée aux plaidoiries des avocats des passeur et chauffeur présumés. Est-ce que leur sort importerait moins que celui du policier ? L'avocat du convoyeur souligne que « quand il y a naufrage, le passeur fait figure de coupable idéal ». Il reproche au ministère public de « s'appuyer, pour reconnaître en son client le passeur, sur un témoignage anonyme, ce qui est contraire à l'article 189 du Code d'instruction Criminelle [...]. Il retrace le phénomène de criminalisation du passeur, datant de 1995 [...] et rappelle que son client est déjà poursuivi à Liège pour ces faits et qu'à Liège la veille et à Mons

---

alors que les vraies responsabilités sont politiques. Cette dernière affirmation est juste, mais l'avocat la tire du côté de ce que Arendt avait appelé la « thèse du petit rouage », sur laquelle avait reposé toute la défense de Eichmann lors de son célèbre procès. L'avocat déresponsabilise en effet totalement le policier des conséquences de son acte, puisqu'il n'aurait fait que participer à un plan Médusa élaboré par d'autres. C'est d'ailleurs la raison pour laquelle il a fait appel en demandant l'acquittement pur et simple de son client. Par ailleurs, l'avocat se garde bien d'élucider avec précision les responsabilités politiques qu'il avait dénoncées pour blanchir son client.

ce jour-là, il est poursuivi avec la circonstance aggravante de mort ». Il demande l'acquittement au bénéfice du doute.

Le premier avocat du chauffeur présumé évoque le fait que « plus de 15 personnes ont soit dit que le chauffeur était quelqu'un d'autre, soit que ce n'était pas lui ou que le chauffeur a pris la fuite ». Le second avocat considère qu'il a donc été prouvé factuellement que leur client n'était pas le chauffeur. « Juridiquement, il aurait fallu que la mort de Mawda, pour constituer une circonstance aggravante à l'entrave méchante à la circulation, résulte du fait même de celle-ci. Or c'est le tir du policier qui a entraîné la mort de la petite. » D'autant, rappelle-t-il, que « le dossier des passeurs sera réglé à Liège. Il demande de considérer que pour entrave méchante à la circulation, 2 ans ½, cela suffit ».

L'avocate de la famille Shawri reprend la parole pour « redemander une requalification, un dommage par rapport à l'entrave méchante à la circulation et regrette que ces faits soient séparés entre Liège et Mons. Elle souligne que ses clients ne reconnaissent pas ces personnes et que c'est donc au tribunal de dire si elles sont coupables ou pas ».

L'avocate générale réplique à ces différentes interpellations : « Si les dossiers ont été séparés, c'est pour ne pas se retrouver avec un dossier mammouth dès lors qu'un dossier pour trafic d'êtres humains devait être envisagé et que c'est un hasard si les deux dossiers trouvent leur épilogue simultanément. » Elle rappelle que ce n'est pas le témoignage anonyme mais d'autres éléments (ADN, compte Facebook) qui ont été déterminants pour l'identification du convoyeur. Par rapport au chauffeur, elle considère que c'est la peur des représailles qui a conditionné le silence des migrants à son égard. La garantie d'anonymat aurait donc été le seul moyen de délier les langues. Elle termine en disant « être la première à regretter la longueur de la détention préventive[1] ».

In fine, la parole est donnée aux deux accusés… pour la leur être aussitôt retirée. La présidente interrompt en effet le récit du chauffeur après quelques minutes, alors qu'il avait commencé par expliquer son propre parcours de vie et notamment la disparition de sa femme enceinte en Turquie, en 2015. Après une suspension d'audience, il revient à la barre avec ces mots : « Je vais essayer d'être bref et de ne pas perdre votre temps. Je suis arrivé en France, désespéré. J'ai rencontré des personnes qui ont promis de chercher mon épouse et de passer en Angleterre. Je devais préparer du riz pour eux. Je voulais vous expliquer comment j'ai atterri dans ce milieu. Je suis coiffeur de profession. Cela fait 12 mois que je coupe les cheveux de mes compagnons de cellule. Je voulais que vous sachiez que je suis quelqu'un qui a beaucoup de rêves. Pour le reste, mes avocats ont tout dit. Je remercie mes avocats et vous aussi Mme la Présidente. J'espère que vous me donnerez une chance. »

Le chauffeur a tiré l'amère leçon de la suspension d'audience : la Cour avait tout son temps pour écouter les épanchements d'un policier autochtone. Mais elle n'a pas de temps à perdre avec les histoires de vie des migrants. Pourtant, il y aurait beaucoup à apprendre de ces histoires-là, notamment pour comprendre la complexité des situations et quitter les représentations manichéennes qui empêchent de voir que de nombreux chauffeurs et passeurs sont eux aussi des migrants, victimes des circonstances, des réseaux mafieux contrôlés par d'autres, des répressions étatiques qui les contraignent à basculer dans l'illégalité.

Le convoyeur prononce à son tour ses dernières paroles : « Naturellement, je marque mon accord sur ce que mon avocat a plaidé. Je n'ai pas grand-chose à dire non plus. Je veux

1 On rappellera que, suite au mandat d'arrêt européen lancé contre lui, il venait de passer deux ans en prison, d'abord en Angleterre puis en Belgique.

exprimer mes tristes sentiments par rapport à ce qui s'est passé ce jour-là. Croyez-moi, Mme la Présidente, ce soir-là, après ce que nous avons vécu, je n'oublierai jamais cela de ma vie. Je suis tout simplement une personne illégale (*sic*). Je n'ai rien à voir avec le trafic d'êtres humains. Et je ne le ferai jamais. »

Le verdict que l'on sait a été prononcé le 12 février 2021 à 13 h, pour rappel : condamnation pour homicide involontaire par défaut de précaution ou de prévoyance et amende de 400 euros pour le policier. Quatre ans de prison ferme pour le chauffeur, au motif « d'entrave méchante à la circulation et rébellion armée ». Acquittement du passeur présumé, son implication reposant sur la déclaration d'un témoin anonyme.

Après l'espoir, l'amertume… Il est évident que chacun des individus inculpés devait répondre de ses actes devant la justice. Mais l'on ne peut manquer de voir la disproportion évidente entre les faits et les peines des uns et des autres. Car ce qui est qualifié de « rébellion armée » n'est rien d'autre que le refus de s'être arrêté suite aux injonctions de la police. C'est donc la camionnette en marche qui fut, depuis l'acte d'inculpation et jusqu'au verdict, considérée par le monde judiciaire comme étant « l'arme » dont firent usage les migrants. Par ce verdict, c'est le conducteur de la camionnette que la Justice, et donc, l'État belge, a finalement jugé responsable de la mort de Mawda.

On peut aussi déplorer que l'occasion n'ait pas été saisie de demander raison (logon didonai) de la politique migratoire, tant belge qu'européenne. Car ce sont les décisions des membres du gouvernement belge qui ont placé ces hommes en situation d'agir comme ils l'ont fait. Et si l'affaire Mawda n'aura pas permis de faire symptôme pour traiter sur le terrain les problèmes structurels de notre système, que restera-t-il d'elle dans la mémoire collective, une fois ces quelques remous médiatiques effacés ?

Déconstruire l'effet-Medusa

Après et avec d'autres, journalistes, activistes, militants, intellectuels, artistes, je voudrais ici déconstruire « l'effet-Medusa ». Par cette expression, j'entends désigner l'effet de sidération, l'anesthésie du sens commun et la paralysie de la capacité de penser qui ont été le triple objectif efficacement atteint par les mises en scènes et en discours officielles de l'affaire Mawda. Déconstruire l'effet-Medusa constitue donc le premier geste théorique pour envisager la portée plus générale de l'affaire Mawda et ainsi la constituer en cas paradigmatique.

Créer des zones de non-droit pour quelques-uns, c'est mettre en péril l'espace public pour toutes et tous

En tant que philosophe, il m'est apparu que ces récits visaient en premier lieu à masquer le fait suivant : le tir du policier a immédiatement *transformé l'espace public*, en circonscrivant une *zone de non-droit absolu* entre sa voiture et la camionnette transportant les migrants[1]. En effet, le tir *réalise* – au sens de « rendre réel » – la transformation des migrants en criminels en fuite. Puis, une fois la camionnette immobilisée sur un parking, la zone de non-droit y perdure et *tout y devient permis*, au mépris aussi bien des règles du droit que du code de conduite le plus élémentaire d'un comportement civilisé (ne parlons même pas de morale). Alors qu'ils sont censés protéger la population, des policiers dans l'exercice de leur fonction y violentent des gens en détresse. Comment ne pas parler de torture sadique, aussi bien physique que psychique, lorsqu'un policier arrache une enfant en sang des bras de son père et

1 Agamben Giorgio, *Homo sacer. Le pouvoir souverain et la vie nue*, Paris, Gallimard, 1995, sur la création de zones de non-droit dans l'espace public et le mécanisme de pérennisation de l'état d'exception.

frappe ce dernier en le jetant à terre, lorsqu'une policière tire par les cheveux une mère en détresse pour la séparer de son enfant blessée, lorsque tous les migrants, en état de choc, sont emmenés en garde à vue au poste de police et emprisonnés pendant vingt-quatre heures, enfants compris ?

On aurait pu voir là des comportements déviants *d'individus*, liés à des profils psychologiques pervers. Mais si tel avait été le cas, ces policiers auraient été poursuivis et jugés par la Justice, aussi bien que par leur hiérarchie. Or, rien de tout cela n'a eu lieu. Parce que ces policiers étaient des gens tout à fait « normaux ». Parce qu'ils se sont sentis *légitimés* à poser de tels actes – et qu'ils l'ont *de facto* été – par le cadre officiel et institutionnel des opérations Medusa[1]. Après ces faits, la zone de non-droit a encore perduré. D'abord, au mépris de toute *procédure*, ce degré zéro du cadre légal. La contre-enquête de Michel Bouffioux a montré qu'aucune zone dite « d'exclusion judiciaire » (aucun périmètre de sécurité) n'avait été immédiatement établie autour de la camionnette après le tir[2]. Pire, personne n'a retiré son arme au policier auteur du tir – qui la gardera durant de longs mois – lequel a pu librement continuer à évoluer sur les lieux. Comble de l'absurde : c'est l'auteur du tir lui-même ainsi que son coéquipier qui se sont livrés à l'examen de la camionnette afin de voir si l'on pouvait y détecter un impact de balle[3].

Attardons-nous sur ce premier point. La création de telles zones de non-droit au sein même de l'espace public est-elle exceptionnelle ? Absolument pas. Il s'agit en fait d'un phénomène récurrent, quotidien, déjà banalisé…

1 Pour rappel, les opérations Medusa ont été mises en place en 2015. En 2020, malgré un changement de gouvernement, supposé plus « à gauche » (une coalition entre libéraux, socialistes et écologistes des deux communautés francophone et néerlandophone et chrétiens-démocrates flamands, donc *sans* la N-VA), les plans d'action policiers pour intercepter les migrants étaient toujours d'actualité.

2 Engel Vincent et Bouffioux Michel, *Deux ans et l'éternité*, *op. cit.*, p. 124.

3 *Ibid.*, p. 124.

La zone de non-droit surgit dès qu'un policier se livre à un contrôle d'identité *au faciès*. Car un tel geste est purement *arbitraire*. L'acte même constitue donc déjà une violence en soi. Mais il s'accompagne de violences plus intenses encore. Suivons en pensée des adolescents qui marchent dans la rue ou qui y stationnent en groupe, en criant et en gesticulant un peu trop fort, *comme le font tous les adolescents*. Des policiers les interpellent et leur demandent leurs papiers, simplement parce qu'ils ont le teint un peu trop basané à leur goût. L'un de ces adolescents, qui veut faire le bravache, refuse et nargue les policiers. Il se retrouve soudain braqué par l'un d'entre eux, un peu trop nerveux, qui le plaque ensuite au sol, les mains dans le dos. Triste scène quotidienne des banlieues de Belgique, de France et d'ailleurs. Comment cet adolescent et ses amis peuvent-ils ne pas ressentir une colère profonde, si aisément transformable en haine, suite à une telle expérience traumatique, de surcroît si elle se répète à plusieurs reprises ?

Martin Vander Elst, membre actif du comité « Justice et Vérité pour Mawda », insiste avec raison sur la nécessité de supprimer le contrôle d'identité, qu'il qualifie de « permis d'agression permanente conféré aux forces de l'ordre au nom de l'État » dans une interview relayée par Zin-TV[1]. Il voit dans cette suppression une mesure *concrète* pour la démocratisation des droits[2]. Martin Vander Elst souligne alors, toujours à juste titre, que seules des revendications portant sur des points précis du dispositif policier sont à même de lutter efficacement contre le racisme institutionnalisé, toute dénonciation au nom

1 Zin-TV, <https://zintv.org/justice-et-verite-interview-avec-martin-vander-elst-du-comite-mawda>, interview du 5/11/2020 réalisée par les JOC (Jeunes organisés et combatifs), consultée le 26/01/2022.

2 *Ibid.*

de grands principes humanistes restant « enfermée dans un horizon politique lointain et purement idéaliste[1] ».

Cette critique récente rejoint celle, déjà évoquée, qu'Arendt avait adressée aux droits de l'homme en stigmatisant leur inefficacité à protéger les apatrides. Lorsque *quelques-uns* sont constitués comme hors-la-loi et se retrouvent ainsi totalement à la merci de la police, c'est *tout le monde* qui doit désormais craindre d'être soumis à son arbitraire. Lorsque l'espace public est refusé à *quelques-uns*, il est mis en péril *pour toutes et tous.*

Juste un cran plus loin dans la violence, on trouve les homicides, parmi lesquels les meurtres de sang-froid, autrement dit, les assassinats. Chaque affaire est différente, chaque vie fauchée unique, et pourtant c'est toujours le même schéma qui se répète : une interpellation arbitraire, un interpellé qui tente de fuir, un interpellant qui le tue. George Floyd aux USA et Adil en Belgique en 2020, Nahel en France en 2023… Trois noms qui ont récemment mis sous les projecteurs un phénomène qui a touché tant d'autres personnes, restées anonymes. En Belgique, entre 2018 et 2023, entre 65 et 94 personnes, avec ou sans papiers, sont mortes entre les mains de la police[2]. Les positionnements de la justice sont dès lors extrêmement importants à suivre : le policier qui a tué George Floyd en l'asphyxiant a été reconnu coupable de meurtre en 2021 et condamné à 22 ans et demi de prison par un jury populaire. La justice belge a conclu à un non-lieu pour le policier qui a assassiné Adil en le percutant avec sa voiture. Ce policier est toujours en fonction, alors même que dix-huit de ses collègues ont témoigné du fait qu'il s'était vanté de ce meurtre. En 2023,

1 *Ibid.*

2 Médiapart, 2023, <https://blogs.mediapart.fr/belgiquefrance-violences-policieres/blog/070723/l-assassinat-de-nahel-comme-revelateur-des-violences-policieres-en-belgique>, consulté le 07/07/2023.

la justice française a mis en examen pour homicide volontaire le policier qui a tué Nahel.

Voilà pourquoi l'affaire Mawda doit être pensée et généralisée en tant que cas paradigmatique : parce que ce cas illustre les conséquences potentiellement dramatiques de l'arbitraire et de l'imprévisibilité totale des actions de la police, dans un contexte désormais mondialisé de contrôle accru de nos vies. Le cas-Mawda nous révèle que nous sommes toutes et tous affectés de la même manière, que nous soyons des nationaux supposés autochtones, des nationaux d'origines étrangères ou des migrants. Car en réalité, l'identité nationale n'est déjà plus un gage de sécurité depuis bien longtemps. Tous ces jeunes victimes de contrôles et de brutalités policières au quotidien sont en effet de nationalité belge (ou française, ou anglaise, etc.). Voilà pourquoi les violences policières à l'égard des migrants illégaux et à l'égard des nationaux « racisés » *font système*, tout en prenant pour cibles des personnes dont les statuts juridiques sont distincts.

Il ne suffit donc pas d'accepter de regarder d'un œil la vérité en constatant que « ça brûle » chez le voisin d'origine maghrébine ou africaine. Il nous faut définitivement quitter la posture d'auto-aveuglement de Monsieur Bonhomme. *Depuis toujours*, la police utilise des armes contre celles et ceux qui contestent l'ordre établi, quelle que soit leur couleur de peau et leur nationalité. *Depuis toujours*, l'espace public est donc mis en risque, voire confisqué par les forces de l'ordre lorsqu'il est mobilisé pour ce qu'il doit être, politiquement : un espace d'apparence où des hommes et des femmes prennent la parole et agissent en vue de rendre publiques leurs opinions et leur volonté de se réapproprier la conduite des affaires collectives. En Belgique comme en France, la violence des répressions policières envers les citoyennes et les citoyens qui manifestent pour leurs droits perdure, depuis les charges à cheval contre les grévistes des mouvements ouvriers du XIXe siècle, jusqu'aux gaz lacrymogènes, canons à eau et coups de matraque contre les Gilets jaunes et autres contestataires d'aujourd'hui.

Laisser les pleins pouvoirs à l'Exécutif et à la police, c'est faire vaciller l'État de droit

Le second point sur lequel le cas-Mawda doit nous interpeller à un niveau plus général que celui de l'affaire proprement dite concerne le rôle qu'y ont joué les instances politiques. Dans l'interview déjà évoquée, Martin Vander Elst a ainsi pu parler de « Mensonge d'État » et même de « Crime d'État[1] ». Pour ma part, je voudrais réfléchir et discuter les points suivants : *primo*, élucider plus avant la signification des plans d'action Medusa; *secundo*, montrer comment le positionnement systématique du pouvoir judiciaire, en retrait et en appui de l'Exécutif et de sa police, est le symptôme d'un dysfonctionnement du système dit des *checks and balances* au fondement de l'État de droit; *tertio*, examiner sur ce même registre les positionnements des parlementaires, c'est-à-dire des représentants du peuple, pour voir quelle place politique ils ont prise ou se sont abstenus de prendre dans cette affaire.

De quoi exactement « Medusa » est-il le nom? Il vaut la peine d'examiner l'évolution des manières dont les objectifs de ce plan ont été présentés au fil des ans. Le premier document officiel où le nom de Medusa apparaît date du 3 novembre 2015. Il s'agit d'une « note de politique générale sur l'asile et la migration » présentée par Theo Francken[2]. Ce dernier s'y adresse aux

1 Zin-TV, *op. cit.*

2 Francken Theo, *Note de politique générale. Asile et migration, 3 novembre 2015*, <https://emnbelgium.be/sites/default/files/attachments/note_politique_generale_asile_et_migration_2015.pdf>, consulté le 26/02/2022.

parlementaires et s'exprime donc en tant que porte-parole du gouvernement. L'introduction donne d'emblée le ton :

> Theo Francken :
> L'idée essentielle suivie dans le cadre de la politique du gouvernement reste inchangée après un an : offrir une protection à ceux et celles qui en ont besoin et prévoir une réaction ferme à l'encontre des personnes qui abusent de notre hospitalité. Notre pays est confronté depuis mai 2015 à une augmentation sans précédent du nombre de demandes d'asile. Pour gérer cet afflux, le gouvernement et les instances d'asile ont donné le meilleur d'eux-mêmes[1].

Mai 2015 renvoie à ce qu'on a appelé la « crise migratoire » découlant principalement de la guerre en Syrie, c'est-à-dire à l'arrivée de personnes dont le statut de réfugiés aurait dû être d'emblée acquis. Or Francken jette d'emblée la suspicion en évoquant des « abus d'hospitalité ». On soulignera aussi qu'il brouille les frontières entre les registres du public et du privé en choisissant de parler d'hospitalité plutôt que d'asile. Ce faisant, il « moralise » la politique et personnalise (pour une fois) les migrants, en plaçant les citoyens belges en position « d'offensés ». Par ailleurs, il recourt à la stratégie maintes fois pratiquée du tri entre « bons » et « mauvais » migrants, dont la ligne de partage avait jusqu'alors été tracée entre réfugiés politiques et migrants économiques. Mais il semble que, face à « l'afflux », il y ait eu besoin non seulement de continuer à diviser, mais aussi de brouiller l'évidence de l'accueil des réfugiés de guerre, juridiquement acquise par la Convention de Genève de 1951. On peut dès lors se demander qui, en pratique, s'est vu « offrir une protection » par le gouvernement belge, compte tenu de toutes

1 *Ibid.*, p. 3.

les restrictions impliquées par cette Note. Beaucoup l'ont dit et écrit, mais il ne faut pas craindre de le répéter : la supposée « crise migratoire » fut et est toujours avant tout une crise de l'accueil (ou du non-accueil) des migrants en provenance du Moyen-Orient et d'Afrique par les États européens.

La référence à Medusa intervient dans le point 5 de la Note, consacré à la politique de retour. Son sous-titre est éloquent : « Un retour volontaire si possible, un retour forcé si nécessaire[1]. » Medusa est intégrée dans les procédures liées aux « politiques d'interceptions », donc aux retours forcés. Un premier paragraphe se focalise sur le cas des personnes délinquantes sans droit de séjour qui font l'objet des actions spécifiques d'un projet dénommé *Gaudi*. Le second paragraphe enchaîne directement en généralisant cette approche criminalisante à *toutes* les personnes en séjour illégal :

> Theo Francken :
> Les personnes en séjour illégal constituant une menace pour la sécurité nationale seront également recherchées en priorité et renvoyées au plus vite vers leur pays d'origine. L'arrivée massive de demandeurs d'asile a également créé le besoin d'entreprendre une action visant à maintenir un contrôle maximal sur cet afflux. L'action Medusa a été mise sur pied dans cette optique-là. Elle jouera un rôle important en 2016 dans le cadre d'un meilleur contrôle sur les groupes traversant en masse nos frontières extérieures en toute illégalité. L'action Medusa s'inscrit dans le cadre d'une approche globale de lutte contre la traite des êtres humains, le trafic des êtres humains et la transmigration[2].

---

1 *Ibid.*, p. 18.

2 *Ibid.*, p. 18-19.

Ici, Francken utilise « massivement » des symboles tellement flous qu'ils ne veulent plus rien dire : sa rhétorique enfle à seule fin de créer un effet de... massification, que ce soit par la répétition de signifiants-clés (« flux » et « masse »), le pléonasme (un « groupe » ne peut pas agir « individuellement ») ou encore l'usage d'expressions absurdes (« en toute illégalité » suppose qu'on puisse aussi envisager une illégalité partielle). Ces remarques sur la forme pour en arriver à la question de fond : en quoi les personnes en séjour illégal constituent-elles *per se* une « menace pour la sécurité nationale » ? Si l'on suit la logique de son propos, le secrétaire d'État les considère-t-il toutes comme des criminels en puissance ? Une autre interprétation est aussi possible : il semble que la seule *présence* de ces personnes sur le territoire belge les constitue en menace, compte tenu de leur nombre, qui les dissout en « (af)flux ».

La philosophe du droit néerlandaise Nanda Oudejans a tenté de faire la synthèse des causes proposées par différents chercheurs pour cerner cette vision ultra-sécuritaire de l'immigration irrégulière, largement partagée par les gouvernants européens[1]. Selon Hans Lindahl, la présence de ces illégaux implique à leurs yeux que « les frontières de l'État, censées protéger et garantir un "intérieur" par rapport à un "extérieur" et ainsi préserver l'unité et l'ordre, sont constamment traversées sans autorisation[2] ». Ce serait ainsi d'abord le mouvement perpétuel du « flux » qui serait vu comme menaçant. Puis, plus étrangement, est pointé le fait que l'entrée de ces migrants n'aurait pas été autorisée par les membres de la communauté habitant légalement sur le territoire. L'entrée des migrants et leur présence généreraient ainsi une forme de désordre parce

1 Oudejans Nanda, « The right not to have rights : a new perspective on Irregular Immigration », dans *Political Theory*, 2019, Volume 47 issue 4, p. 447-474.

2 *Ibid.*, p. 455. Toutes les traductions françaises des citations de cet article sont miennes.

que les habitants du pays « refusen de s'attribuer la présence du migrant comme un acte qu'ils ont autorisé en commun, comme un acte auquel ils auraient un intérêt commun [1] ». La menace supposée reposerait aussi sur ce qu'Oudejans n'hésite pas à qualifier « de postulat viscéral des politiques contemporaines d'immigration », à savoir le fait que la nationalité constitue un « élément d'ordre international » car « chaque individu est un national et donc chacun a une place qui lui revient dans son pays d'origine[2] ». Autrement dit, comme Gregor Noll le relève, « du point de vue des États, la question n'est pas de savoir si les migrants irréguliers jouissent ou pas de droits basiques humains. La question est plutôt qu'on leur refuse l'accès à ces droits "ici" et "maintenant" parce qu'ils sont supposés les revendiquer "là-bas" et "plus tard", c'est-à-dire dans leur pays d'origine[3] ». Si les conséquences de la transposition d'un principe d'économie domestique (« chaque chose à sa juste place ») à des êtres humains n'étaient pas aussi terribles, on pourrait presque rire de cette obsession du rangement. Mais le spécialiste américain du droit de l'immigration Hiroshi Motomura tire les conclusions qui s'imposent : « Si la présence illégale de migrants est considérée comme induisant le désordre, la loi et la police se concentreront sur une politique de tolérance zéro en poursuivant et en punissant comme des crimes toute violation aux lois relatives à l'immigration[4]. »

Si l'on revient à la note de Francken muni de ces éclaircissements, affirmer que la finalité des opérations Medusa est le

---

1 *Ibid.*

2 *Ibid.*, p. 456, en se référant à LINDAHL Hans, « Border Crossing by Immigrants : Legality, Illegality and Alegality » in *Res Publica*, 14, n° 2, 2008, p. 120.

3 *Ibid.* citant NOLL Gregor, « Why Human Rights Fail to Protect Undocumented Migrants », in *European Journal of Migration and Law*, 12, n° 2, 2010, p. 204.

4 *Ibid.*, p. 456, se référant à MOTUMORA Hiroshi, *Immigration Outside the Law*, Oxford, Oxford University Press, 2014.

« contrôle maximal » sur « l'afflux » revient donc à dire que le gouvernement se donne pour idéal d'intercepter et de refouler en dehors de ses frontières *tous* les migrants illégaux afin de restaurer à l'interne un ordre et une sécurité qui autorisent implicitement d'user de tous les moyens, y compris les plus violents. Pourtant, il faut aussi tenir compte de la dernière phrase, presque incongrue, qui affirme que l'action Medusa s'inscrit aussi dans une « approche globale de lutte contre la traite des êtres humains, le trafic des êtres humains et la transmigration[1] ».

On pourrait s'étonner de la distinction opérée entre traite et trafic des êtres humains, les deux expressions pouvant passer pour synonymes. Mais la référence à la transmigration éclaire la nuance : le « trafic » désigne l'activité des passeurs qui, contre argent, font traverser la Belgique à des migrants illégaux pour leur faire ensuite rejoindre la France ou le Royaume-Uni. Voici qu'il ne s'agit donc plus seulement de veiller à garantir un ordre et une unité à l'intérieur des frontières de la Belgique. L'action Medusa ne vise pas qu'un intérêt strictement national. La Belgique collabore avec d'autres États pour renforcer le contrôle et l'imperméabilité de leurs propres frontières. Si l'on prend un peu de hauteur, la dynamique de l'action Medusa semble donc bien être de *figer* tout mouvement du « flux » migratoire, que ce dernier ait été planifié comme mouvement *traversant* le territoire national ou qu'il ait visé à s'y arrêter de lui-même.

En octobre 2016, en parallèle au démantèlement de la Jungle de Calais, le gouvernement belge avait lancé un plan baptisé Medusa 2 en mobilisant 120 policiers fédéraux à la frontière avec la France[2]. Il s'agissait toujours bien pour la

1 Francken Theo, *op. cit.*, p. 19.

2 La chambre.be, 24/11/2016, <https://www.lachambre.be/kvvcr/showpage.cfm?section=qrva&language=fr&cfm=qrvaXml.cfm?legislat=54&dossierID=54-B102-900-1800-2016201713242.xml>, consulté le 26/02/2022.

police d'intercepter les migrants illégaux, mais la focale s'est alors déplacée vers la migration de transit, comme le montre la réponse du ministre de la Sécurité et de l'Intérieur de l'époque (N-VA) à une question écrite rédigée par un député MR[1]. Le ministre parle de personnel « orienté sur les hotspots » qu'il détaille : gares, liaisons ferroviaires, infrastructures de stationnement, zone portuaire de Zeebrugge. L'objectif de la mission est clair : « Par leur présence permanente sur le terrain, on vise une dissuasion concernant la transmigration illégale[2]. » Le ministre détaille le nombre d'illégaux interceptés mensuellement entre le début de l'opération (octobre 2016) et la fin janvier 2017, moment où il adresse cette réponse. Il arrive à un total de 1736 personnes. Le ministre conclut : « Par l'étude de la situation en profondeur, la collaboration effective avec la France, la collaboration intégrée efficiente avec tous les services de police et l'Office des étrangers, l'on a pu empêcher qu'un flux de migrants arrive vers notre pays à la suite du démantèlement de la jungle de Calais. L'action Medusa 2 a indéniablement eu un effet très dissuasif[3]. » On soulignera que la lutte contre la traite et le trafic d'êtres humains n'est plus évoquée.

Entre 2015 et 2020, les opérations Medusa se sont succédé sans discontinuer mais avec une certaine discrétion, si l'on en croit une question adressée au nouveau ministre de la Sécurité et de l'Intérieur (CD & V[4]) par un autre député MR, lors d'une commission de l'Intérieur, de la Sécurité et de la Migration qui s'est tenue le 19 février 2020[5]. Le député

1 *Ibid.*

2 *Ibid.*

3 *Ibid.*

4 Parti chrétien-démocrate flamand.

5 La chambre.be, 19 février 2020, <https://www.dekamer.be/doc/CCRI/html/55/ic116x.html>, consulté le 26/02/2022.

avait en effet demandé au ministre de lui indiquer « si le plan Medusa était toujours opérationnel, et, dans l'affirmative, quel était l'effectif policier dédié à ce plan, combien d'interpellations avaient été effectuées en 2018 et en 2019 par les zones de police locale frontalières à la France[1] ».

La réponse du ministre commence par insister sur le fait que ces opérations se poursuivent « sous la direction du gouvernement » et qu'elles ont été de plus en plus « interdisciplinaires et intégrées[2] ». Est notamment souligné le fait que les différents services de police (fédéral, provincial) travaillent désormais avec l'Office des étrangers. Et le ministre conclut : « Plus que jamais, l'accent doit être mis sur une bonne interaction avec la composante judiciaire, au profit d'une meilleure approche du trafic d'êtres humains[3] ». Si l'on se fie à cette phrase, la finalité des opérations Medusa est alors, et aurait toujours été, de lutter contre le trafic d'êtres humains ! Suivent les chiffres demandés : « En 2018, un total de 12 686 migrants en transit ont été interceptés par la police. En 2019, il y en avait 8 853 et environ 16 % ont été trouvés lors d'actions coordonnées Medusa[4]. »

Selon Michel Bouffioux, c'est bel et bien la mort de Mawda en 2018 qui aurait conduit le gouvernement à modifier sa stratégie de communication au sujet des opérations Medusa[5]. Il rappelle que tant les représentants du monde judiciaire que ceux du monde politique avaient tu ce cadre opérationnel, jusqu'à ce que le Rapport du Comité P le mentionne et que son enquête le rende public[6]. Après l'affaire Mawda, on n'a

1 *Ibid.*

2 *Ibid.*

3 *Ibid.*

4 *Ibid.*

5 Engel Vincent et Bouffioux Michel, *op. cit.*, p. 58-59 et p. 167-187.

6 Le Comité P est donc la première instance officielle qui ait explicitement

plus parlé de dissuader les migrants de traverser illégalement la Belgique mais de lutter contre le trafic d'êtres humains. On s'étonnera alors des chiffres donnés par le ministre et on s'enquerra du statut des personnes interceptées : parle-t-on bien de l'arrestation de 12686 puis de 8853 *passeurs* ? On peut légitimement en douter.

Dans la rubrique « sécurité » du rapport de la police fédérale de 2020, on trouve une partie consacrée à « la migration et trafic de personnes et de biens[1] ». En gros titre, le *moto* de la police : « Rester à la hauteur du défi majeur pour la sécurité de nos concitoyens. » Dans un encadré de couleur, les faits majeurs auxquels la police a été confrontée : la forte diminution de plusieurs phénomènes criminels suite à la crise du coronavirus, mais « il en va malheureusement autrement de la traite et du trafic d'êtres humains. Les itinéraires semblent se déplacer et l'on observe un recours croissant à la violence dans le chef des trafiquants[2] ». On s'attendrait alors à ce qu'on nous détaille des filières criminelles telles que celle de la prostitution… Il n'en est rien : toute la suite du texte ne fait que parler de l'interception d'étrangers en séjour irrégulier. Autrement dit : *tout migrant en situation irrégulière est* de facto *assimilé à un trafiquant d'êtres humains.*

En 2021, la police fédérale belge ne mentionne plus le nom de Medusa dans son rapport d'activité[3]. Cependant, l'assimilation systématique des migrants en situation illégale à des « trafiquants d'êtres humains » est entérinée *dans le langage*

évoqué les opérations Medusa dans le cadre de l'affaire Mawda.

1 Police fédérale belge, *Rapport 2020*, <https://rapportannuel.policefederale.be/securite/migration-trafic-personnes-biens>, consulté le 26/02/2022.

2 *Ibid.*

3 Police fédérale belge, *Rapport 2021*, <https://rapportannuel.policefederale.be/assets/pdf/2021/FR/11_Deplacements_des_biens_et_personnes.pdf>, consulté le 08/08/2023.

par l'expression « trafic de transit ». La police met en évidence un phénomène nouveau : plutôt que de monter à bord de camions le long de parkings d'autoroutes, les « trafiquants en transit » recourent désormais à des *small boats*. De « menace » – en tant que telle, toujours « potentielle » –, ils sont désormais considérés comme des criminels avérés. La fiction de l'article du *Soir*, qui avait commencé par présenter tous les occupants de la camionnette comme de « dangereux trafiquants kurdes », est alors en passe de devenir réalité *sur le plan juridique* : la N-VA avait déposé dès 2020 un projet de loi visant à criminaliser toute personne montant dans un camion et continuait à suivre ce dossier de près[1].

En 2022, même son de cloche de la part de la police fédérale belge, avec une démultiplication impressionnante des moyens technologiques de contrôle des frontières. Pas moins de cinq nouvelles applications sont mentionnées : *Belvis* (contrôle des visas), *Raavis* (« permet aux fonctionnaires de police de prendre directement contact avec l'Office des étrangers au sujet de la décision à prendre après l'interception »), *Aquatask* et *Aerotask* (« pour le contrôle administratif de tout trafic maritime ou aérien ») et *Bordertask Web* (« programme utilisé pour le contrôle intégré des frontières extérieures de l'espace Schengen »), lequel est présenté comme étant la « *success story* » du contrôle des frontières du XXIe siècle[2].

1 La chambre.be, 14/01/2021, <https://www.lachambre.be/FLWB/PDF/55/1740/55K1740001.pdf>, consulté le 18/02/2022. Francken, après avoir critiqué les approches mises en place pour « un trajet humanitaire offrant une solution durable » de Sammy Mahdi (MR), le secrétaire d'État à l'Asile et à la Migration qui lui a succédé, poursuivait : « Ce qui aura un effet dissuasif fort, en revanche, c'est l'incrimination de l'embarquement dans un camion ou un autre véhicule. L'année dernière, la N-VA a déjà déposé une proposition de loi visant à insérer cette disposition pénale dans le code pénal » (p. 6).

2 Police fédérale belge, *Rapport 2022*, <https://rapportannuel.policefederale.be/assets/pdf/2022/FR/00_RA2022_Police_Federale.pdf>, consulté le 08/08/2023.

Après ces éclaircissements relatifs aux plans et actions Medusa, venons-en maintenant au positionnement des autorités judiciaires dans l'affaire Mawda. On aura remarqué que, *dès le début et de manière systématique*, les représentants du pouvoir judiciaire se sont ralliés à la version des faits présentée par la police, sans jamais la mettre en question ni chercher à la confronter. Le parquet de Mons a accrédité et relayé dans les médias la thèse selon laquelle Mawda ne serait pas morte d'un tir par balle. Nous avons largement eu l'occasion d'analyser les discours contradictoires du substitut du procureur du Roi à ce sujet. Par ailleurs, il faut ici souligner l'action – et l'inaction – d'une autre personnalité ayant joué un rôle clé dans l'affaire : la juge d'instruction chargée d'instruire le dossier. À aucun moment, la juge n'a demandé à entendre l'urgentiste qui a pris en charge Mawda[1]. Pourtant, ce dernier est un témoin clé de l'affaire, puisque ce serait lui, d'après le témoignage des policiers entendus par le Comité P, qui aurait déclaré que l'enfant n'était pas morte par balle[2]. La juge d'instruction est en outre la personne responsable du chef d'inculpation du chauffeur, lui aussi biaisé par la version policière : « Entrave méchante à la circulation *et rébellion armée.* » Pourtant, il a été démontré très rapidement qu'aucun des migrants n'était armé. Or c'est bien *aussi* pour rébellion armée que le chauffeur a été condamné. La juge d'instruction a donc considéré que le véhicule en marche avait constitué une « arme ». Une bien étrange façon de voir les choses, pour une camionnette surchargée prise en chasse par plusieurs véhicules de police.

Enfin, il faut souligner qu'aucune action judiciaire n'a été lancée contre la coalition de fonctionnaires qui s'est mise en place très rapidement. En effet, l'enquête de Michel Bouffioux

1 Vander Elst Martin, <https://joc.be/justice-et-verite-interview-avec-martin-vander-elst-du-comite-mawda>, consulté le 18/02/2022.

2 *Ibid.*

a montré que, deux semaines après la mort de Mawda, « les policiers impliqués dans la course-poursuite ont participé à un "*debriefing* opérationnel de l'incident (*sic*) du jeudi 17 mai 2018". Le rapport à "diffusion restreinte" qui fait état de cette réunion ressemble à un argumentaire et conclut que "la poursuite a été bien gérée". Selon l'avocat Alexis Deswaef, ancien président de la Ligue des Droits Humains, une telle assemblée de policiers concernés – ne serait-ce que comme témoins – par une instruction en cours pourrait être constitutive d'un délit de "coalition de fonctionnaires"[1] ».

> Maître Deswaef :
> Plusieurs des participants sont des témoins, voire des suspects, dans le cadre d'une instruction judiciaire en cours. Une telle réunion invite inévitablement à s'interroger sur la volonté des initiateurs et des participants de construire un témoignage collectif, une version commune du déroulement des faits. Le dommage est encore plus grand en ce qui concerne les policiers qui auraient participé à ce type de caucus avant même d'avoir témoigné devant le Comité P et/ou le magistrat instructeur. On pourra toujours suspecter qu'ils ont été influencés par ce qu'ils ont entendu[2] [...].

Maître Deswaef poursuit en rappelant l'article 233 du Code Pénal belge, qui prévoit une peine d'un à six mois de prison pour « coalition de fonctionnaires ». Et ce, même s'il peut être démontré par la suite qu'elle n'aurait eu aucune influence sur le cours de la justice : « La loi punit la coalition en tant que telle, même si elle n'est pas suivie d'effet [...]. L'existence même d'une réunion de ce type rassemblant des policiers

1 Engel Vincent et Bouffioux Michel, *op. cit.*, p. 131 et plus largement p. 131-145.

2 *Ibid.*, p. 142.

concernés par un dossier pénal, pour se concerter dans l'intention de perturber le bon fonctionnement de l'institution judiciaire chargée de l'enquête, pourrait suffire à établir le délit[1]. »

Pourquoi ce délit n'a-t-il donc *pas* été établi par la Justice belge, dans un contexte plus global où maître Deswaef rappelle que « la Cour européenne des droits de l'homme a produit une jurisprudence très claire sur la nécessité d'éviter que des policiers s'entendent sur une version des faits suite à un incident de tir[2] » ? Encore une fois, comment ne pas conclure à une omission volontaire d'un pouvoir judiciaire décidément bien complaisant à l'égard de la police ? Ou faudrait-il plutôt dire, à l'égard du bras armé du Gouvernement ? Car le ministre de l'Intérieur, interpellé au Parlement par une députée écologiste quelques semaines après la parution de l'article de Michel Bouffioux, se contenta pour sa part d'estimer que « la tenue d'un *debriefing* est une procédure courante lorsque la police a eu recours à la force[3] ». Affaire classée.

Pour comprendre quelque chose à cette étrange apathie du pouvoir judiciaire, il faut prendre un peu de recul et avoir conscience du fait que rien ne va plus en matière de justice au sein du petit Royaume de Belgique. Magistrate devenue militante par la force des choses[4], la juge Manuela Cadelli, résume ici pour nous la situation générale actuelle du monde judiciaire en Belgique :

1 *Ibid.*, p. 143.

2 *Ibid.*

3 *Ibid.*, p. 144.

4 Manuela Cadelli est juge au tribunal de première instance de Namur et Présidente de l'association syndicale des magistrats.

La juge Cadelli[1] :
Le *new-management* public a frappé de plein fouet la justice belge en décembre 2013 avec la loi « mobilité », qui, comme son nom l'indique, prône la « mobilité » des magistrats. Or, cette loi est anticonstitutionnelle. En effet, la Constitution belge prévoit que les magistrats soient inamovibles : on n'a pas le droit de les muter. La loi « mobilité » contourne cependant le problème en nommant par exemple un parquetier dans un ressort. Inamovible dans ledit ressort, le parquetier peut cependant bouger à l'intérieur de celui-ci[2].

La juge Cadelli poursuit alors sa glaçante chronique de la progressive *mise sous tutelle du Judiciaire par l'Exécutif* – tel est donc le fin mot de l'affaire ! –, alors que la Constitution belge les avait pourtant consacrés comme deux pouvoirs fondamentaux, à égalité avec le Législatif, comme dans tout État de droit qui se respecte :

La juge Cadelli :
En 2014, le gouvernement belge a fait voter une seconde loi que je n'hésite pas à qualifier de « scélérate » ! La loi « gestion autonome ». Contrairement à ce que son intitulé pourrait laisser croire, cette loi ne consacre pas du tout l'autonomie du judiciaire, mais le met sous tutelle de

---

1 Cadelli Manuela, « Le management : le juge au service de la performance ? », 16 mai 2019, <https://www.youtube.com/watch?v=MGy9lFtlY6U>, consulté le 30/07/2019. Les informations qui suivent sont tirées de cette conférence prononcée à l'université Saint-Louis-Bruxelles. Toutes les retranscriptions écrites des propos de la juge Cadelli sont miennes.

2 Elle évoque ensuite ce qu'elle qualifie d'« avant-projet Uber » de cette loi, qui a capoté car les magistrats ont pratiqué à son encontre le *name and shame*. La mobilité des magistrats y était en effet maximale car elle jouait sur tous les registres (thématiques, géographiques).

l'exécutif. En effet, le budget de la justice fait désormais l'objet d'un contrat entre le ministre de la Justice et une nouvelle institution : le Collège. Cette contractualisation suppose que le budget soit alloué en fonction d'objectifs fixés par le ministre dans un arrêté royal, lesquels seront évalués à leurs résultats par une administration.

Afin de pouvoir procéder à une telle contractualisation de la Justice, la loi « gestion autonome » se présente sous la forme d'une loi-cadre. Or, de ce fait même, elle est anticonstitutionnelle :

La juge Cadelli :
D'après la Constitution belge, c'est le législateur, seul, qui est apte à intervenir lorsqu'il s'agit de toucher au fonctionnement de la justice ! Il faut le dénoncer, encore et encore, la logique gestionnaire à l'œuvre atteint ici son paroxysme : les objectifs sont bien évidemment de rationalisation, c'est-à-dire de réduction des coûts. Et les résultats qu'on attend du monde de la justice sont bien évidemment uniquement chiffrés. Les indicateurs auxquels les agents de la justice sont appelés à se soumettre sont des normes qui s'imposent à eux, au détriment des règles du procès équitable.

Le constat alarmant de la juge Cadelli nous confronte à un phénomène qui dépasse une fois encore largement les frontières de la Belgique, tout comme celles de l'Europe. L'inquiétante inflation du pouvoir de l'exécutif, au détriment du législatif et du judiciaire va en effet de pair avec ce qui pourrait être qualifié de crise généralisée du sens des institutions et de la confiance placée en elles par les citoyens. En effet, d'une part, le monde judiciaire subit l'épreuve de sa pseudo-rationalisation par le *new management* public, qui a bel et bien remplacé la véritable politique. Et d'autre part, les citoyens se montrent de plus en plus suspicieux à l'égard du monde judiciaire, comme envers toute forme de pouvoir institutionnalisé. Il y a là un cercle vicieux dont il faut sortir d'urgence, si nous voulons que nos démocraties retrouvent un peu de leur substantifique moelle. Car ce sont les trois sphères primordiales du domaine public qui sont touchées par l'implémentation totalement artificielle – et pour tout dire contre-nature – de l'unique critère de la rentabilité économique : celles de la santé, de la justice et de l'enseignement. Ceci a conduit à une dénaturation profonde de leur essence même, puisque « santé », « justice » et « éducation » ne riment certainement pas avec « rentabilité », comme on sait. Dès lors, ces néo-normes que sont les indicateurs, importées du domaine marchand vers ces trois sphères non marchandes, sont en train de les dénaturer, voire de les annihiler par des objectifs strictement économiques qui n'ont rien à voir avec leurs véritables fonctions. Lesquelles sont, pour rappel : rendre la justice en toute équité, garantir la santé publique et éduquer l'ensemble de la population.

Dans ce contexte, quelle fut l'action du Parlement fédéral lors de l'affaire Mawda[1] ? Le rapport de police du Comité P avait été adressé au Parlement. Le 29 janvier 2019, des parlementaires en avaient débattu à huis clos[2]. Et les choses en sont restées là. L'affaire Mawda semble avoir suscité un intérêt mitigé : lorsqu'on introduit « Mawda » comme mot-clé dans les archives disponibles sur internet de la Chambre et du Sénat, on trouve seulement huit questions et réponses écrites mais tout de même trente-cinq interpellations et questions orales entre 2018 et 2021.

1 En Belgique, le Parlement fédéral est constitué de deux chambres : la Chambre des représentants et le Sénat.

2 Engel Vincent et Bouffioux Michel, *op. cit.*, p. 147.

Je voudrais ici me concentrer sur les huit questions écrites par des parlementaires et les réponses qui leur ont été adressées par les membres du gouvernement interpellés. La première en date, le 13 juin 2018, émanait d'un député MR et concernait « l'utilisation des images enregistrées par les caméras embarquées sur les véhicules de la police[1] ». S'il était fait mention du fait que l'installation d'un « tel dispositif aurait pu permettre, par exemple, d'apporter des réponses sur le déroulement des faits qui ont coûté la vie à la petite Mawda[2] », la question centrale était celle de l'installation de telles caméras dans les véhicules de police et du possible détournement de leur utilisation première. Le député restait donc dans la ligne des œillères techniciennes plébiscitées par le gouvernement.

La seconde question écrite date du 28 février 2019. Une députée socialiste à la Chambre allait quant à elle au cœur de l'affaire en questionnant « la confidentialité des dossiers administratifs[3] ». Elle pointait les déclarations de Bart De Wever, en relevant qu'outre « leur indécence et leur manque d'humanité à l'égard de parents ayant perdu leur enfant », elles dévoilaient des éléments concernant le parcours migratoire de la famille Shawri « dont on ne peut que se demander d'où il les tenait ». Elle demandait donc au Premier ministre « quelles mesures il allait prendre pour s'assurer (et nous assurer) qu'aucune information issue des administrations fédérales ait pu être communiquée en dehors des autorités judiciaires dans ce dossier et,

---

1 La Chambre.be, *Question déposée le 13/06/2018- réponse du ministre du 20/07/2018,* <https://www.lachambre.be/kvvcr/showpage.cfm?section=qrva&language=fr&cfm=qrvaXml.cfm?legislat=54&dossierID=54-B164-900-3311-2017201823631.xml>, consulté le 23/02/2022.

2 *Ibid.*

3 La chambre.be, *Question déposée le 28/02/2019- réponse du ministre du 30/04/2019,* <https://www.lachambre.be/kvvcr/showpage.cfm?section=qrva&language=fr&cfm=qrvaXml.cfm?legislat=54&dossierID=54-B185-860-0365-2018201926890.xml>, consulté le 22/02/2022.

s'il devait apparaître que de tels éléments ont effectivement été communiqués à des tiers, quelles conclusions il pensait devoir en tirer[1] ». La réponse du Premier ministre se limita à réaffirmer « le devoir de discrétion comme principe général du droit administratif » et à rappeler la « bonne action » du permis de séjour délivré à la famille Shawri, « au vu des circonstances exceptionnelles[2] ». Fin de l'échange.

Le 6 mars 2019, un parlementaire du PTB, le « Parti du travail de Belgique » considéré comme d'extrême gauche, mettait explicitement en relation la mort de Mawda et les opérations Medusa. Il concluait : « Nous ne pouvons pas prendre le risque de continuer ces opérations dangereuses et inutiles, alors qu'elles ont causé la mort d'une enfant. Vu le nombre de dysfonctionnements relevés par le Comité P lors de cette opération, pouvez-vous confirmer l'abandon ou, à tout le moins, la suspension des opérations Medusa jusqu'à ce que tous les dysfonctionnements dénoncés par le Comité P soient résolus[3] ? » Le ministre de la Sécurité et de l'Intérieur lui répondit que « la lutte contre la transmigration et la traite des êtres humains reste une priorité pour 2019. L'accent est mis sur le démasquage et le démantèlement des bandes de passeurs[4] ». S'ensuivait une description détaillée de la coopération entre tous les niveaux de police, les gouverneurs des provinces et les bourgmestres (maires). Le ministre concluait : « Dans le cas du rapport auquel il est fait référence, les dysfonctionnements constatés ne sont pas directement liés au fait qu'il s'agissait

1 *Ibid.*

2 *Ibid.*

3 La chambre.be, *Question déposée le 06/03/2019- réponse du ministre du 04/04/2019,* <https://www.lachambre.be/kvvcr/showpage.cfm?section=qrva&language=fr&cfm=qrvaXml.cfm?legislat=54&dossierID=54-B184-1063-3906-2018201926990.xml>, consulté le 22/02/2022.

4 *Ibid.*

d'une action Medusa, mais plus spécifiquement à l'application de la circulaire MFO7 (mission fédérale) et des interventions dans le cadre de courses-poursuites, lesquelles peuvent survenir aussi dans le cadre d'autres actions de contrôle. Par ailleurs, le commissaire général de la police fédérale a indiqué dans un courrier publié en annexe de ce rapport que plusieurs initiatives ont déjà été prises qui répondent (en grande partie) aux conclusions exprimées. Enfin, le Comité (permanent) P a récemment publié un autre rapport détaillé sur le contrôle et la détention de transmigrants par la police à la suite d'arrestations administratives massives. Il est rassurant de constater que le ton général de celui-ci est très positif pour les services de police, même si des points à améliorer y ont également été identifiés[1]. » Fin de l'échange.

Les cinq autres questions ont toutes été posées par le même député flamand de *Vooruit*, un parti social-démocrate. Ce député s'est d'abord enquis du suivi pratique des « recommandations du Comité P concernant un incident de tir à Mons/Mawda[2] ». Ensuite, il a posé une question sur « la procédure de notification des mineurs non accompagnés en cas d'interception par la police », en insistant sur le rôle du service des tutelles[3]. Il est intéressant de signaler que le site mentionne que « la réponse à cette question a été transmise à l'honorable membre. Étant donné son caractère de pure documentation, il n'y a pas lieu de l'insérer au Bulletin des

1 *Ibid.*

2 La chambre.be, *Question déposée le 08/12/2020- réponse de la ministre du 12/01/2021,* <https://www.lachambre.be/kvvcr/showpage.cfm?section=qrva&language=fr&cfm=qrvaXml.cfm?legislat=55&dossierID=55-B034-1192-0143-2020202106901.xml>, consulté le 22/02/2022.

3 La chambre.be, *Question déposée le 05/01/2021,* <https://www.lachambre.be/kvvcr/showpage.cfm?section=qrva&language=fr&cfm=qrvaXml.cfm?legislat=55&dossierID=55-B038-1188-0224-2020202107263.xml>, consulté le 22/02/2022.

questions et réponses[1] ». Sous des dehors policés, le député est décrédibilisé par le texte officiel : il n'est qu'un « ignorant » et l'autorité gouvernementale/parentale lui fournit obligeamment, à titre privé, une information que tous et toutes sont supposés devoir connaître, puisqu'il ne vaut pas la peine de la rappeler publiquement. Pourtant, nous verrons que ce sont bel et bien les défaillances du système en ce qui concerne la prise en charge des mineurs non accompagnés qu'une ONG, défenseuse des droits de l'enfant, pointera comme l'un des chefs d'accusation principaux du procès qu'elle intentera à l'État belge.

Le 24 novembre 2021, le même député est revenu à la charge concernant des questions qu'il avait précédemment posées à la ministre de l'Intérieur (CD & V), auxquelles cette dernière n'avait pas voulu répondre, prétextant que le procès en appel du policier était toujours en cours. Il vaut la peine de citer intégralement ces questions.

> Ben Segers :
>
> 1. Comment expliquez-vous les déclarations contradictoires et incorrectes faites notamment par des agents de police après les faits? Sait-on par exemple clairement qui a affirmé que Mawda serait tombée de la camionnette et pourquoi? Comment est-il possible qu'il ait également été dit que les migrants s'étaient servis d'elle comme d'un bélier pour briser la vitre? Sait-on clairement qui a tenu de tels propos et pourquoi? De quelle manière tous ces faits ont-ils entre-temps fait l'objet d'une enquête interne? Qui a mené cette enquête interne? Les responsables ont-ils été rappelés à leurs devoirs? De quelle manière? Quelles suites y ont été données, que ce soit en interne ou non?

1 *Ibid.*

> 2. Comment expliquez-vous les versions du médecin urgentiste et du médecin légiste ? 3. Est-il exact que les parents n'ont pas pu monter dans l'ambulance alors que leur fille était gravement blessée ? 4. Est-il exact qu'aucune assistance psychologique n'a été proposée ? Comment l'expliquez-vous ? 5. Quels autres éléments votre enquête éventuellement interne a-t-elle révélés ? Quelles suites y avez-vous données et y donnerez-vous ? 6. S'agissant du séjour des jeunes en cellule, est-il exact que les mineurs sont restés dans la cellule pendant deux jours ? 7. De tels faits se sont-ils reproduits depuis lors, après la mort de Mawda, lors d'autres interceptions de migrants en transit ? Qu'a-t-on fait pour éviter que de tels faits se reproduisent à l'avenir ? 8. Toute cette affaire a-t-elle été suffisamment investiguée selon vous ? Dans la négative, quelles autres démarches entreprendrez-vous ? 9. Quels enseignements tirez-vous de l'affaire Mawda[1] ?

Pour l'essentiel, la réponse de la ministre a consisté à se dédouaner de toute responsabilité en nommant consciencieusement chacune des autorités compétentes : les autorités disciplinaires supérieures de la police pour ce qui concerne les dépositions des policiers, le service d'aide aux victimes pour le soutien psychologique, l'office des étrangers pour l'interception des familles de migrants avec enfants. La phrase « *il n'est pas en mon pouvoir de* vérifier la pertinence des déclarations de X » pourrait apparaître comme le leitmotiv de sa longue réponse. Visiblement, « rien », dans cette affaire, n'était en son pouvoir. Pas même de reconnaître le principe logique de

1 La chambre.be, *Question déposée le 24/11/2021- réponse de la ministre du 13/01/2022,* <https://www.lachambre.be/kvvcr/showpage.cfm?-section=qrva&language=fr&cfm=qrvaXml.cfm?legislat=55&dossierID=55-B074-1192-0963-2021202212872.xml>, consulté le 23/02/2022.

non-contradiction. Car à la demande d'explication des déclarations contradictoires émanant des policiers, la ministre répondit sans broncher qu'il s'agissait là « de caractéristiques indissociables des témoignages, par définition subjectifs. Mais que l'essentiel était que le juge pénal de première instance et la cour d'appel aient reconnu que les explications du prévenu *sont toujours restées constantes*[1] ». Enfin, la ministre n'a pas craint de dire que « la liste des leçons à tirer de cette affaire est longue[2] » et qu'elle ne mentionnerait que les plus importantes. On aurait donc pu s'attendre à un revirement de situation, à une amorce d'autocritique. Rien de tel : la ministre livre un *listing* en neuf points des « solutions » strictement techniques apportées aux lacunes pointées dans le rapport du Comité P, telles que « l'élaboration d'une matrice de décision pour aider les coordinateurs à prendre leurs décisions » ou encore une nouvelle formation théorique et pratique des policiers « en vue d'assurer une approche uniforme et sûre de la gestion des événements dynamiques non planifiés[3] ». Fin de l'échange.

Face à la méthode Coué et au déni systématique pratiqués par les membres des différents gouvernements qui se sont succédé tout au long de l'affaire Mawda, on comprend que seule une commission d'enquête parlementaire spéciale pourrait être à même de procéder à des investigations et à des interrogatoires poussés, afin d'éclairer tous les tenants et aboutissants politiques de l'affaire Mawda. Quelle est la procédure à suivre? Pour qu'une telle commission soit créée, il faut qu'un ou plusieurs parlementaires déposent une proposition tendant à l'instituer, en décrivant sa mission de la façon la plus détaillée possible. Cette demande devrait ensuite être votée à la majorité

1 *Ibid.* Je souligne.

2 *Ibid.*

3 *Ibid.*

simple ou ordinaire. Autrement dit, 76 des 150 membres du Parlement fédéral devraient se prononcer en sa faveur.

Le 2 avril 2021, un député du PTB a déposé une telle proposition « visant à instituer une commission d'enquête chargée d'examiner l'ensemble des responsabilités de l'État dans l'affaire de la mort de Mawda[1] ». Cette proposition de treize pages est extrêmement détaillée et particulièrement bien informée. Ses cinq rubriques envisagent de manière exhaustive tous les aspects de l'affaire. Le député présente en effet successivement « les questions que soulèvent les déclarations de la police et du parquet et la manière dont les enquêtes ont été menées », « les questions que soulève le traitement donné à la famille de Mawda », « les questions que soulève l'encadrement des courses-poursuites et de l'utilisation des armes à feu », « les questions que soulèvent les opérations Medusa, les priorités demandées aux services de police et la politique migratoire en Belgique », « les questions que soulèvent les actions et inactions des responsables politiques ». La proposition en 7 articles qui suit ajoute une sixième mission, en conclusion de l'examen de ces cinq questions : « Les leçons qu'il convient de tirer et les recommandations qu'il convient de formuler pour résoudre les dysfonctionnements structurels éventuellement constatés. »

En août 2023, date de finalisation du présent manuscrit, cette proposition ouverte à co-signatures n'avait toujours pas récolté le nombre suffisant pour que la commission soit instituée. De leur côté, les écologistes francophones et néerlandophones avaient demandé dès 2020 à ce qu'une enquête complémentaire soit menée par le Comité P[2]. Leurs députés

1 Boukili Nabil, 2 avril 2021, <https://d3n8a8pro7vhmx.cloudfront.net/pvdaptb/pages/6607/attachments/original/1613147283/20201223_PTB_proposition_de_commission_d'enquête_sur_la_mort_de_Mawda.pdf?1613147283>, pour l'intégralité du texte de cette proposition, consulté le 25/02/2022.

2 Ecolo.be, 19/12/2020, <https://ecolo.be/actualites/affaire-mawda-enquete-complementaire-du-comite-p>, consulté le 26/02/2022.

ont interpellé et posé une question orale à la ministre de l'Intérieur au sujet du « suivi des recommandations du Comité P dans l'affaire *Mawda* », du « cadre des opérations Medusa » et de « l'usage des armes à feu lors de courses-poursuites[1] ». Mais nous avons vu comment la ministre avait répondu en se félicitant « des leçons tirées » tout en se déresponsabilisant pour la majeure partie des points évoqués. De surcroît, la crise Covid-19 semble avoir accru la passivité du Parlement, étonnamment « absent » durant le premier confinement, au cours duquel le Gouvernement belge a exercé les pleins pouvoirs en dirigeant à coups de décrets, sans aucun contrôle parlementaire, dans le cadre d'un état d'urgence largement pérennisé par la suite. Derrière le masque de Medusa, on ne peut donc que constater l'écroulement progressif de l'État de droit, puisque le système dit des *checks and balances* ne fonctionne plus, le pouvoir décisionnaire de l'exécutif s'étant imposé aussi bien au judiciaire qu'au législatif.

Noms de code : Medusa, Ulysse, Hermès, Énée, Ariane

Au début de cette recherche, j'avais interrogé la décision de baptiser des opérations policières du nom de Medusa. À la suite de Michel Bouffioux, je m'étais demandé s'il s'agissait d'un choix « cultivé mais cynique » qui aurait fait référence au tableau de Géricault[2]. Or, le journaliste relaie l'enquête d'un de ses confrères du *Soir* qui est parvenu à connaître la raison de cette dénomination : « L'officier responsable du choix du nom de "Medusa" souligne que son intention était de se réfé-

1 La chambre.be, 09/12/2020, <https://www.lachambre.be/kvvcr/showpage.cfm?section=inqo&language=fr&cfm=inqoXml.cfm?db=INQO&legislat=55&dossierID=Q55011442C&search=%28Mawda%29%20%3CAND%3E%20%28%28V55%2A%2CI55%2A%29%20%3CIN%3E%20SDOCNAME%29>, consulté le 24/02/2022.

2 Engel Vincent et Bouffioux Michel, *op. cit.*, p. 187.

rer à la mythologie, à la Gorgone Medusa, petite-fille de Gaïa (la Terre) et de l'Océan (Pontos), empêchée de voyager et qui suscite la crainte chez ceux qu'elle pétrifie du regard[1]. »

En plus de tous les détournements de l'usage courant du langage déjà évoqués, des procédés rhétoriques mobilisés par les autorités en vue de tromper et d'induire de faux raisonnements dans l'esprit des gens, il faut donc épingler un autre phénomène inquiétant : celui d'une certaine réappropriation de la mythologie grecque et romaine. Car le cas de Medusa est loin d'être isolé. On rappellera donc que « dès 2003 sont apparues des coopérations transfrontalières entre polices aux noms mythiques tels que *Ulysse I*, *Ulysse II*, *Neptune*, etc., s'étendant respectivement entre le détroit de Gibraltar et le détroit de Sicile, entre les îles Canaries et les côtes africaines, et dans la partie centrale et orientale de la mer Méditerranée[2] ». Frontex, l'agence européenne de gardes-frontières et de garde-côtes créée en 2004 pour, selon les termes de son autoprésentation, « aider les États membres de l'UE et les pays associés à l'espace Schengen à protéger les frontières extérieures de l'espace de libre circulation de l'UE » leur a emboîté le pas[3]. Ses opérations sur la route migratoire de Méditerranée centrale s'appellent « Énée », « Hermès » ou encore « Triton[4] ».

Est-ce un hasard si ces opérations de supposée « protection » des frontières européennes ont été placées sous l'égide

---

1 *Ibid.*, p. 187 citant Metdepenningen Marc, « Migrants et Medusa : le poids des mots », *Le Soir*, 28 février 2016.

2 Clochard Olivier, « Le contrôle des flux migratoires aux frontières de l'Union Européenne s'oriente vers une disposition de plus en plus réticulaire », in *Carnets de géographes*, 1, 2010, <https://journals.openedition.org/cdg/1826>, consulté le 15/02/2022.

3 Frontex, <https://frontex.europa.eu/fr>, consulté le 15/02/2022.

4 *La Tribune.fr*, 24/04/2015, <https://www.latribune.fr/economie/union-europeenne/triton-poseidon-hermes-les-operations-de-frontex-en-carte-471625.html>, consulté le 15/02/2022.

conjointe d'un héros grec exilé considéré comme le fondateur de la civilisation romaine, du messager des dieux qui est aussi le protecteur des voyageurs et d'un dieu marin qui, selon le poète latin Virgile, aurait tenté d'apaiser une tempête pour sauver le navire échoué d'Énée? Et que dire de l'association libre entre Medusa et le fait d'avoir été « empêchée de voyager », une immobilisation forcée qui aurait entraîné le désir rancunier de pétrifier autrui dans l'imaginaire policier?

On l'aura compris, tous ces noms mythologiques font système. Mais quelle est la logique qui a présidé à leur choix? On pourrait d'abord penser que ces références érudites servent simplement à *masquer* des opérations policières peu orthodoxes en leur donnant un vernis de légitimité grâce à des références culturelles. Mais il faut aller plus loin. Ces références à la mythologie gréco-romaine placent chacune de ces opérations sous une égide symbolique *exactement contraire* à ce qu'elles font dans la réalité. En effet, si d'après l'agence Frontex ses deux fonctions principales sont d'*aider* et de *protéger*, comme les héros et les divinités qu'elle invoque, la finalité réelle de ses opérations consiste à *refouler* et à *pourchasser* les migrants, jusqu'à les *abandonner* en mer en les condamnant à une mort certaine[1]. Des ONG et des média ont dénoncé les exactions commises par Frontex ainsi que par les garde-côtes de certains pays aux frontières de l'Europe, dont notamment la Grèce[2].

---

1 Frontex pratique les « *pushback* » c'est-à-dire les refoulements illégaux et avec violences de migrants demandeurs d'asile aux frontières de l'UE. Concrètement, « repousser » les embarcations des migrants peut consister à les frapper jusqu'à les faire tomber en mer, les condamnant à se noyer.

2 Christides Yorgos et Lüdke Steffen, *Der Spiegel.International.de*, 16/06/2020, <https://www.spiegel.de/international/europe/videos-and-eyewitness-accounts-greece-apparently-abandoning-refugees-at-sea-a-84c06c61-7f11-4e83-ae70-3905017b49d5>, consulté le 02/07/2021. Je signale que dans son rapport d'activité de 2022, la police fédérale belge se félicitait d'une dernière « nouveauté » : une « contribution aux missions Frontex » sous la forme d'un « détachement obligatoire de membres du personnel policier vers Frontex »,

En 2021, des actions en justice ont été entreprises contre Frontex[1]. En outre, une ONG syrienne a soumis à la Cour Pénale Internationale un rapport demandant d'ouvrir une enquête pour crimes contre l'humanité potentiellement commis par la Grèce et par Frontex[2].

Faire le contraire exact de ce qu'on dit qu'on fait : on retrouve donc à l'échelle européenne l'inversion systématique du langage constatée tout au long de l'affaire Mawda. On me rétorquera que Frontex n'a jamais prétendu aider et protéger les migrants mais bien les États européens et les frontières de l'espace Schengen. Est-ce à dire qu'aider et protéger les uns suppose *nécessairement* de pourchasser et d'attaquer les autres ? Comme on sait, un tel cas de figure ne vaut que dans une circonstance exceptionnelle des affaires humaines qui a nom : la guerre. « Ulysse », « Énée » « Hermès », « Triton » sont-ils dès lors à décrypter comme étant des noms d'opération militaires d'une guerre qui se pratiquerait à nos frontières, tout en ne disant son nom qu'en symboles mythologiques ?

Compte tenu de l'horreur des exactions commises, comme de jeter à la mer des femmes et des enfants, il semble bien que Frontex fonctionne comme une armée mercenaire chargée de défendre les frontières de l'Europe, une mission unique qui a toujours servi de justification à toutes les formes d'actions guerrières. Une guerre contre des gens, une guerre contre des cultures. Tout comme Bart De Wever avait osé brandir la défense des droits de l'homme pour construire le portrait-robot du réfugié indésirable – forcément musulman et forcément intégriste –, l'agence Frontex instrumentalise la culture gréco-romaine, l'une des deux sources fondatrices de l'occident avec

---

concrètement, dix personnes pour des missions de longue durée.

1 Front-Lex, <https ://www.front-lex.eu>, consulté le 12/08/2023.

2 Syria Justice and Accountability Centre, <https://syriaaccountability.org/wp-content/uploads/SJAC_ICC-Communiqué.pdf>, consulté le 22/02/2022.

la culture judéo-chrétienne. Détournement idéologique d'un patrimoine culturel millénaire. Fixation stérile d'histoires mythologiques ayant incessamment fécondé l'imaginaire collectif.

Depuis 2020, le nom d'Ulysse ne fait plus rêver d'entamer un périple à l'aventure pour « découvrir les manières de penser de multiples peuples[1] ». Il sert à désigner une carte interactive pour informer les voyageurs de la fermeture totale ou partielle des frontières des pays où ils voudraient se rendre, toutes et tous désormais transformés en hôtes indésirables en raison d'un ennemi invisible commun dénommé Covid-19[2].

Aujourd'hui, « Ulysse » ne rime plus avec « Pénélope » mais avec « (M)Ariane », tisseuse d'un filet sécuritaire virtuel[3]. Le gouvernement français conseille en effet à ses ressortissants de signaler par eux-mêmes leurs allées et venues à l'étranger. Par mesure de précaution, il les invite à se relier par un cordon ombilical virtuel à la mère patrie. Singulière manière de raviver un attachement affectif à la nation moribond, en intensifiant toujours plus le contrôle étatique et sécuritaire de vies privées de repères.

---

1 Tels sont les vers sur lesquels s'ouvre l'*Odyssée* d'Homère : « C'est l'homme aux mille tours, Muse, qu'il faut me dire, celui qui tant erra quand, de Troade, il eut pillé la ville sainte. Celui qui visita les cités de tant d'hommes et connut leur esprit, celui qui, sur les mers, passa par tant d'angoisses, en luttant pour survivre et ramener ses gens » (*Od.*, I, v. 1-5, trad. Victor Bérard).

2 Tom Travel, 08/06/2020, <https://www.tom.travel/2020/06/08/ulysse-carte-interactive-informer-voyageurs-reouverture-frontieres>, consulté le 22/02/2022.

3 France Diplomatie, <https://pastel.diplomatie.gouv.fr/fildariane/dyn/public/login.html>, consulté le 22/02/2022.

Co-créer l'élan-Mawda

> Seule l'imagination terrifiée de ceux qu'ont éveillés de tels récits, sans qu'ils aient eux-mêmes été frappés dans leur propre chair, de ceux qui, épargnés par la terreur animale et désespérée – terreur qui, confrontée à l'horreur réelle, à l'horreur présente, paralyse inexorablement tout ce qui n'est pas pure réaction – seule cette imagination-là peut être capable d'une réflexion sur ces horreurs. De telles réflexions ne sont utiles que pour la perception des contextes politiques et pour la mobilisation des passions politiques.
>
> Hannah Arendt, *Le totalitarisme*

Le soir du 30 avril 2019, en rentrant chez moi, j'avais eu la surprise de découvrir un courriel de Maître Benkhelifa. Elle me remerciait de mon intervention à la radio et terminait son message par ces mots : « Je me permettrai de reprendre votre formulation sur l'anesthésie de l'empathie et de l'esprit critique quand je plaiderai pour la famille. »

Ses mots m'ont étonnée, au sens fort du terme. Oui, empathie et esprit critique vont de pair et on doit, avec la philosophe américaine Martha Nussbaum, les considérer comme étant des compétences fondamentales dans l'exercice d'une citoyenneté véritablement démocratique[1]. Pour comprendre leur *nécessaire* association, que certains pourraient trouver étrange, il faut voir qu'elles ont *racine commune* dans un *continuum* pulsionnel et réflexif. L'intuition vécue m'a appris que c'est ce dernier qui m'avait poussée à aller vers Nene Oumou

1 Nussbaum Martha, *Not for Profit. Why Democracy needs the Humanities*, Princeton, Princeton University Press, 2010, p. 25-26. Elle parle plus précisément de trois compétences : l'imagination empathique, la rationalité critique et la faculté de juger.

dans le tram, afin de lutter contre la double anesthésie du cœur et de la raison qui nous engourdit petit à petit toutes et tous et qui menace donc notre humanité. La réflexion me l'a fait reconnaître dans ce qui a mû les citoyens du comité « Justice et Vérité pour Mawda », tout comme dans ce qui avait poussé Nene Oumou et sa communauté à se mobiliser pour la petite fille à la culotte ensanglantée. Mais dans ce dernier cas, l'élan collectif avait abouti à faire violence à Nene Oumou, l'une de celles qu'il avait pourtant animée.

Il m'a semblé voir là incarnée dans la vie réelle l'ambivalence de l'*orgè* chantée par le chœur tragique de l'*Antigone* de Sophocle. Ce mot, qui a donné en français « orgasme » et « orgiaque », signifie la colère en grec moderne. En grec ancien, il désignait une force neutre, que je choisis de traduire par *élan vital*. À en croire le chœur sophocléen, l'humain peut « s'apprendre à lui-même » de tels « élans vitaux », qualifiés de « créateurs de lois pour la cité[1] ». L'affirmation est forte : c'est une pulsion qui est à la racine de la loi et donc de la création de la politique, c'est-à-dire de la vie en cité[2]. Mais toujours au risque que cet élan ne dégénère en colère, voire en guerre civile, en ne parvenant pas à être canalisé et élaboré en direction du bien commun par la délibération collective.

Créon, tout comme Antigone, en sont l'illustration. L'*orgè* de Créon contre Polynice, qu'il hait au point de ne pas respecter la disparition de la dichotomie ami/ennemi supposée par la mort, le conduit à transformer sa colère en loi. C'est l'*orgè* de Créon qui impose à tous les citoyens l'impiété de ne pas accorder de sépulture au cadavre de Polynice. L'*orgè* d'Antigone est sa juste indignation contre l'édit de Créon, l'élan qui la pousse à accomplir les rites funéraires sur le corps de son frère, envers

1 Sophocle, *Antigone*, v. 354-355.

2 Castoriadis Cornelius, *Figures du pensable*, Paris, Seuil, 1999, p. 13-34.

et contre tout. Mais elle se transforme en violence autodestructrice, à partir du moment où la jeune fille veut agir seule, pour conquérir la gloire parmi les morts, sans chercher à ce que son élan individuel soit à l'origine d'un mouvement collectif vers plus de justice pour l'ensemble de la cité.

Laisser s'exprimer l'orgè comportera toujours un risque. Mais son refoulement conduit tout aussi certainement à l'autodestruction de l'individu et de la vie politique, jusqu'à la déshumanisation. Voilà pourquoi il est plus nécessaire que jamais de réapprendre à élaborer individuellement et collectivement cet élan orgiaque, pulsion vitale de notre humanité.

Ce détour par l'*Antigone* de Sophocle me permet de donner une seconde définition de l'« élan-Mawda ». Si j'ai pu d'abord voir en lui un mouvement citoyen choral, porteur d'une nouvelle forme de subjectivation politique, je précise qu'il est aussi une forme contemporaine d'élaboration collective de l'antique *orgè*, élan vital d'indignation-colère qui a commencé à s'exprimer symboliquement par le deuil partagé – la marche blanche qui a accompagné les funérailles de la fillette en 2018.

Il me semble donc qu'est en train de se réinventer sur la scène de la vie civique belge quelque chose de la politique ancrée dans les « élans instituants » chantés par le chœur sophocléen. C'est pourquoi je voudrais ici tenter de cerner les traits caractéristiques de cette nouvelle forme de la politique, en continuant à la réfléchir à partir de l'éclairage décalé de l'antiquité grecque, qui est mon domaine de recherche. Pour ce faire, je vais me concentrer sur certaines de ces actions, particulièrement signifiantes pour mon propos, en les abordant selon un ordre chronologique.

La marche blanche : vers une politique ancrée dans le deuil ?

Parler de « Marche blanche » en Belgique renvoie inévitablement au 20 octobre 1996. Ce dimanche-là, à Bruxelles, pas moins de 300 000 personnes avaient répondu à l'appel des familles des enfants victimes du pédophile Marc Dutroux. « L'affaire Dutroux », comme on l'a nommée, a profondément choqué et durablement marqué l'opinion publique en Belgique. On pourrait sans doute aller jusqu'à dire que, pour la société belge, cette affaire a créé une sorte de césure – il y a eu un « avant » et un « après » l'affaire Dutroux –, compte tenu de l'horreur des faits eux-mêmes (des enfants séquestrées, violées, torturées, assassinées ou mortes de faim), mais aussi de la révélation des multiples erreurs et dysfonctionnements dans le *modus operandi* de la police et du monde judiciaire, sans lesquels ces enfants auraient pu être sauvées. Des erreurs et des négligences tellement énormes, qu'on a pu parler de protection délibérée de personnages haut placés. Des erreurs et des négligences tellement graves, qu'on ne peut, pas plus que pour l'affaire Mawda, considérer l'affaire Dutroux comme un simple fait divers.

C'est pourquoi, bien que de moindre ampleur (on parle de 1 500 personnes), la marche blanche organisée pour manifester le soutien de la population belge à la famille de Mawda avait une charge symbolique très forte. Cette marche exprimait d'abord *la reconnaissance de l'égalité absolue* des vies enfantines ainsi perdues, par-delà toute différenciation étatique entre « national » et « sans-papiers ». Et, en réaction, elle exprimait *l'égale indignation* des adultes face au drame de la mort violente d'enfants *causée* par les dysfonctionnements de la police et du monde judiciaire. Comme pour les victimes de Dutroux, l'élan de la marche blanche pour Mawda était donc indissociablement *émotionnel et politique.* Si le temps était au recueillement du deuil, il s'agissait *aussi* de demander des comptes aux dirigeants et à leurs subalternes.

Ici peut se marquer une première résonance avec la pièce de Sophocle. Il faut comprendre le caractère totalement inouï de la prise de parole d'Antigone pour le public athénien. Antigone est un personnage de jeune fille, une vierge (*parthenos*) dont la place aurait été de rester confinée au fond du gynécée. Or, non seulement Antigone sort de ce lieu assigné mais elle ose de surcroît prendre la parole sur la place publique pour apostropher et mettre en question l'autorité du chef, au vu et au su de tous. Pour affirmer quoi ? Que la mort rend tous les êtres humains *égaux*. De son vivant, Polynice pouvait être considéré comme l'ennemi de Créon et même comme celui de tous les Thébains, puisqu'il était revenu dans sa cité natale et l'avait ravagée par la guerre afin de reconquérir le pouvoir. Mais une fois mort, *même* Polynice, l'ennemi public n° 1, avait droit à une sépulture. En effet, en Grèce ancienne, le respect des morts faisait partie des devoirs imposés par la Thémis, forme coutumière de la Justice, qui impose aussi à tous le respect des parents et des dieux, ainsi que le devoir d'hospitalité. Mais la Thémis a toujours vocation à se traduire en Dikè, c'est-à-dire en lois positives. Ainsi, la cité athénienne, comme toute autre, obligeait aussi au devoir de sépulture par la loi.

La scène du théâtre crée une scène politique fictive impossible dans le réel. La prise de parole d'une femme sur l'espace public permet de rendre visible et pensable pour les spectateurs le fait que, en démocratie, *la reconnaissance et l'acceptation de la finitude sont en quelque sorte le transcendantal de la loi.* En effet, l'isonomie, principe axial de la cité démocratique, présuppose et réalise une *égalité politique* de tous les citoyens face à la loi, sans pourtant remettre en question leurs inégalités socio-économiques. Tout citoyen peut soumettre un projet de loi au Conseil, voter la loi à l'Assemblée, tout comme il a aussi l'obligation de s'y soumettre. Or, ce qui rend possible tant ce principe d'isonomie que son effectivité procédurale me semble être la conscience aiguë, d'une part de l'égalité de tous les êtres humains face à la mort, d'autre part, de la fragilité et de la finitude du régime démocratique lui-même, qui ne peut exister indépendamment d'une forte implication de ses citoyens. D'où aussi le fait que le régime démocratique, de manière essentielle, doit contenir la possibilité de sa propre mise en question permanente et donc la reconnaissance publique de sa faillibilité[1].

Dès lors, quel éclairage indirect sur le cas-Mawda ce détour par l'antiquité peut-il nous fournir ? Tout d'abord, il nous montre avec insistance que les *différences* des traitements qui ont été réservés aux « nationaux » et aux « sans-papiers » dans cette affaire ne sont pas dignes d'un régime supposé démocratique. Autrement dit, la possession ou non de papiers délivrés par une autorité étatique n'est *pas* un élément signifiant au regard du principe démocratique d'isonomie. Le tir sur la camionnette, parce qu'il présupposait que la vie d'un migrant était de moindre valeur que celle d'un national, était un geste profondément *antidémocratique*. Le temps mis à se décider à appeler une ambulance après le tir, parce qu'il présupposait que sauver la vie de la petite Mawda n'était pas la priorité absolue, fut une négligence profondément *antidémocratique*. La logique du deux poids/deux mesures dans le traitement judiciaire du policier, du chauffeur et du passeur présumés fut profondément *antidémocratique*.

Sur ce dernier point, et en gardant présente à l'esprit l'importance de l'empreinte du principe démocratique dans les

1 Par exemple, la *graphè para nomôn*, qu'on pourrait traduire par « accusation d'illégalité », était une procédure d'autocorrection de la loi par les citoyens eux-mêmes. Voir Finley Moses *Démocratie antique et démocratie moderne*, Paris, Payot, (1973), 2003, p. 72-75 et Castoriadis Cornelius, *Domaines de l'Homme, op. cit.*, p. 298-300.

procédures antiques, on insistera sur un aspect du cas-Mawda qui n'a pas encore été évoqué jusqu'ici. Lorsqu'il a demandé la révision en appel de son procès, le policier a bénéficié de conditions très favorables : il avait obtenu *a priori* la certitude de ne pas voir sa peine alourdie, car le parquet avait renoncé à suivre son appel, ce qui transformait *de facto* la peine de première instance en maximum de la peine risquée en appel.

Autrement dit, le sens même de la procédure d'appel a été subverti, puisque par définition, la révision d'un jugement suppose que les peines puissent être revues à la hausse comme à la baisse ! Le cas-Mawda nous montre donc comment une procédure d'autocorrection du fonctionnement judiciaire a pu être déformée dans le sens d'une *déresponsabilisation* des agents de l'État dans l'exercice de leur fonction.

Le détour par l'*Antigone* de Sophocle nous permet aussi de requalifier politiquement *l'arrogance* des représentants de la Justice et de la police souvent dénoncée par Selma Benkhelika et Michel Bouffioux. En effet, il ne s'agit pas d'un simple défaut de caractère ou d'un vice du comportement, mais d'une forme contemporaine de ce que les Grecs avaient nommé l'*hybris*. Traduite par « démesure », l'*hybris* est souvent identifiée à un désir de s'égaler aux dieux. Or, dans la pièce de Sophocle, Créon tout comme Antigone incarnent une forme politique de l'*hybris*, celle du *monos phronein*, une expression qu'on pourrait traduire par « penser solipsiste ». Aucun de ces deux personnages ne met jamais en question ses propres actions ni ses propres paroles, aucun n'écoute les avis émis par d'autres personnages (Hémon, Tirésias, le chœur, Ismène) et chacun s'entête unilatéralement, car il est persuadé d'avoir raison. Or, l'on ne peut avoir raison seul, car aucun être humain n'est capable de tenir compte de l'ensemble des données d'une situation complexe. C'est pourquoi la sagesse tragique indique qu'il faut toujours penser à plusieurs, croiser les points de vue grâce à la délibération collective.

Le cas-Mawda nous aura montré la gravité des conséquences d'une absence permanente de mise en question de la part des représentants de la police et de la justice. Plutôt que de reconnaître leurs erreurs, leur ignorance ou encore les dysfonctionnements ayant affecté tel ou tel aspect de l'affaire, ils ont préféré se mettre des œillères (on songera au *monos phronein* d'un découpage strictement technique de l'affaire par le Comité P) voire s'enfermer dans des mensonges (comme de relayer jusqu'à l'intenable le déni de la mort par balle). Ainsi, c'est une fiction fabriquée par les policiers pour cacher la bavure d'un des leurs qui a été relayée sous l'étiquette de « vérité » par le parquet ainsi que par les média. La vérité des victimes, quant à elle, n'a été prise en considération que très tardivement, puisqu'essentiellement au moment du procès. Et là encore, on ne peut pas véritablement parler de confrontation des « vérités », puisque le tribunal n'a pas statué ni jugé des violences commises à leur encontre sur le parking, par exemple. On comprend dès lors l'importance de la revendication conjointe de Justice *et* de Vérité[1]. Car l'une ne peut pas aller sans l'autre dans une démocratie digne de ce nom.

Pour conclure, je voudrais mettre en relief l'importance des marches blanches en les associant au projet de la philosophe féministe et pacifiste Judith Butler, qui entend faire du deuil « un élément majeur pour penser une communauté politique d'ordre complexe[2] ». En effet, les expériences de la perte et du deuil mettent en évidence « la socialité constitutive du soi »,

---

1 Zin TV, *interview avec Martin Vander Elst, op. cit.*

2 Butler Judith, *Défaire le Genre*, Paris, Amsterdam, (2004), 2006, p. 33. Je prolonge ici l'analyse que je lui avais consacrée dans Klimis Sophie, *L'énigme de l'humain et l'invention de la politique. Les racines grecques de la philosophie moderne et contemporaine*, Louvain-la-Neuve, De Boeck, 2014, p. 137-139.

car elles nous font éprouver « que les liens que nous avons avec les autres constituent un sentiment de soi et font de nous ce que nous sommes[1] ». Dès lors, « être en deuil, c'est accepter de subir une transformation dont nous ne pouvons connaître le résultat à l'avance. Il y a donc la perte et l'effet transformateur de la perte, qu'on ne peut ni prévoir, ni planifier[2] ».

Tissant du lien entre l'intime et le public, Butler a montré l'importance *politique* de s'affronter collectivement au deuil en l'envisageant à partir d'événements précis. Je n'en envisagerai qu'un seul ici : le refus d'un journal de San Francisco de publier une notice nécrologique pour des Palestiniens tués par des soldats israéliens[3].

Avec la « naïveté » de la philosophe, Butler questionne le refus de publier un simple avis nécrologique, qui ne mentionnait que des éléments factuels : les noms et prénoms des Palestiniens décédés, pour la plupart des mères de famille et des enfants, ainsi que ce qu'ils étaient en train de faire au moment de leur mort, à savoir se rendre à l'école. Le motif invoqué par la rédaction pour justifier son refus était qu'une telle notice risquait de choquer, voire d'offenser certains de ses lecteurs. Butler interprète : selon elle, on se trouve devant une tentative d'interdire la forme publique du deuil. « Parce que s'il est vrai que ces Palestiniens, y compris les jeunes enfants, ne peuvent pas être nommés – nous ne pouvons pas savoir à quelle école ils allaient, ce qu'ils faisaient quand ils sont morts, ou quelles étaient leurs aspirations, parce que savoir qui a été tué pourrait nous choquer – alors nous disons essentiellement que si nous sommes pro-Israéliens, ou si nous nous identifions à la cause israélienne, nous ne voulons

1 Butler Judith, *op. cit.*, p. 33.

2 *Ibid.*, p. 32.

3 Butler Judith, *Humain, inhumain. Le travail critique des normes. Entretiens*, Paris, Amsterdam, 2005, p. 84-86.

rien savoir des vies humaines tuées par la violence israélienne. C'est ce que suppose le *San Francisco Chronicle* à propos des gens qui sont attachés à l'État d'Israël, mais mon hypothèse est que la plupart d'entre eux rejettent cette imputation, ou, du moins, j'espère qu'ils le feraient[1]. »

Butler envisage une nouvelle forme de la politique, celle qui « émergerait si une communauté pouvait apprendre à vivre avec ses pertes et sa vulnérabilité. Elle aurait davantage conscience de ses liens avec les autres. Elle saurait à quel point elle est fondamentalement dépendante de ses rapports avec les autres[2] ». Elle développe une importante réflexion sur la nécessité d'une certaine forme de ré-institutionnalisation du deuil, condition selon elle d'une politique démocratique qui s'engage pour la paix. Butler justifie en effet son engagement non-violent de militante pacifiste de la manière suivante :

> C'est parce que l'agressivité nous est constitutive, parce que nous sommes capables de faire la guerre, de riposter et d'infliger massivement des blessures, que la paix devient une nécessité. La paix est une certaine résistance aux terribles satisfactions de la guerre[3].

Butler reconnaît donc ici l'existence en chaque être humain d'une force destructive, d'un mouvement vers la destruction de l'autre, qui est aussi une pulsion à l'autodestruction et que j'identifie pour ma part à l'une des possibles manifestations de l'*orgè*. Ici, j'insiste sur le fait que la seule alternative à cette possibilité/tentation récurrente de nous détruire les uns les autres consiste selon Butler à reconnaître lucidement que « nous nous

1 *Ibid.*, p. 85-86.

2 *Ibid.*, p. 65.

3 *Ibid.*, p. 73.

défaisons les uns les autres[1] », essentiellement par l'intermédiaire de nos corps :

> Le corps implique mortalité, vulnérabilité et puissance d'agir (*agency*) : la peau et la chair nous exposent autant au regard de l'autre qu'au contact et à la violence. Le corps peut être l'instrument de la puissance d'agir aussi bien que de tout cela, il peut être le lieu où le « faire » et l'« être fait pour » deviennent équivoques. Alors que nous luttons pour obtenir des droits sur nos propres corps, ces corps pour lesquels nous luttons ne sont presque jamais exclusivement les nôtres. Le corps a toujours une dimension publique; constitué comme un phénomène social dans la sphère publique, mon corps est et n'est pas le mien[2].

La marche blanche qui accompagna les funérailles de Mawda revêt ainsi une nouvelle dimension symbolique : le choix de la couleur blanche, – celle de la pureté dans notre tradition et du deuil dans d'autres –, a permis d'unifier pacifiquement et culturellement la présence en mouvement de celles et ceux qui, anonymement, avaient tenu à *faire corps* avec la famille Shawri.

George & Mawda *v.* Léopold II

En mai 2020, alors que j'étais plongée dans la rédaction de ce livre, le meurtre de l'adulte afro-américain est venu faire écho à celui de la petite fille migrante kurde. Il a focalisé l'attention du monde entier sur les violences policières racistes. Le banal anesthésié (re)devint du jour au lendemain *inacceptable*. Comme partout ailleurs dans le monde, une

1 Butler Judith, *Défaire le genre*, *op. cit.*, p. 33.

2 *Ibid.*, p. 35.

manifestation en hommage à George Floyd fut organisée en Belgique. Elle eut lieu à Bruxelles le 7 juin 2020 et fut d'une ampleur inattendue : dix mille personnes, alors qu'on était en plein confinement.

En date du 26 juin 2020, l'affaire Mawda connaissait un rebondissement important. Maître Benkhelifa avait en effet demandé la requalification en meurtre du chef d'inculpation du policier auteur du tir, ce qui avait entraîné le report de l'audience au 8 juillet 2020[1]. On rappellera d'abord que l'évidence de l'homicide de Mawda, entendu au sens étymologique du terme – *homo*, « humain » et *caedere*, « tuer » – a mis du temps à être entendue et acceptée. En juin 2020, le tir par balle avait pourtant enfin été reconnu par toutes les parties comme étant la cause de la mort de l'enfant. La définition juridique du meurtre mobilisée par Maître Benkhelifa fut la suivante : « Coups et blessures volontaires ayant entraîné la mort sans intention de la donner[2]. » C'est donc la notion de *volonté* qui distingue le meurtre de l'homicide involontaire, chef d'inculpation jusqu'alors retenu contre le policier. « Meurtre » et non « assassinat », la nuance reposant cette fois sur la temporalité associée à l'acte volontaire[3]. Il était évident pour toutes les parties que le policier n'avait pas planifié à l'avance le fait de

1 *La Libre Belgique*, 26/06/2020, <https://www.lalibre.be/belgique/judiciaire/affaire-mawda-l-audience-reportee-au-8-juillet-apres-une-demande-de-requalification-en-meurtre-5ef5b8c7d8ad585d08431b98>, consulté le 27/06/2020.

2 Zin TV, *interview avec Martin Vander Elst*, *op. cit.*, rappelle que, plus techniquement, on parle de « meurtre par dol éventuel, c'est le fait de tirer et d'avoir conscience du risque que tu pourrais tuer même si tu ne l'as pas voulu ».

3 *Ibid.*, M. Vander Elst parle quant à lui « d'assassinat d'État », un choix *politique* qui vise à « se donner la capacité de penser en dehors des catégories forgées pour blanchir la police. À travers l'usage de ce terme, on fait de la politique, mais aussi de la jurisprudence […] Si jamais on gagnait ce procès et que l'on arrivait à faire en sorte que le policier soit condamné pour "meurtre par dol éventuel" et non plus pour "homicide involontaire", cela veut dire que l'on aura forcé une jurisprudence Mawda. Et que l'on va pouvoir l'utiliser dans d'autres cas. La réparation est aussi un concept jurisprudentiel ».

tuer Mawda Shawri, précisément *cette* fillette kurde-*là*. Il n'y avait donc pas eu de préméditation.

En quoi y avait-il pourtant bien eu coups et blessures *volontaires*, même si non intentionnellement ciblés sur une personne en particulier ? Parce que « en tirant sur la camionnette, le policier a fait un geste potentiellement mortel, disproportionné par rapport à la fuite[1] ». Comme une carte blanche sortie au même moment le précise, pour effectuer ce tir, le policier avait en effet dû poser trois actions volontaires : armer, viser, tirer[2]. Difficile, au vu de ces précisions techniques, d'invoquer le tir accidentel, comme le soutint pourtant l'avocat du policier.

Par un effet du hasard, on était donc là en plein cœur de l'actualité. L'occasion était pour ainsi dire offerte sur un plateau de recontextualiser à l'échelle belge les questionnements relatifs au racisme et à la violence policière soulevés par le meurtre de George Floyd en Amérique. On aurait dès lors pu s'attendre à ce que ce dossier revienne sur le devant de la scène médiatique et qu'un débat citoyen s'amorce autour de cette question de la nomination de la mort de Mawda. Car le choix des mots engage et témoigne de toute une mise en perspective de l'affaire et donc d'un certain positionnement sur la politique migratoire belge, ainsi que sur les modes d'intervention de la police.

Or, une fois de plus, seuls les individus et les groupes d'emblée mobilisés firent le rapprochement. Le nom de la petite fut cité avec celui d'autres victimes des violences policières en Belgique par les associations antiracistes lors de la manifestation du 7 juin 2020. À l'initiative du comité Mawda, une carte blanche parut le 6 juillet dans le journal *Le Soir* pour appuyer la demande de Maître Benkelifa, laquelle aurait justifié un procès

1 *La Libre Belgique*, 26/06/2020, *op. cit.*

2 *Le Soir*, 06/07/2020, <https://plus.lesoir.be/311151/article/2020-07-06/affaire-mawda-pourquoi-nous-demandons-un-proces-dassises>, consulté le 06/07/2020.

en cour d'assises[1]. Mais l'émotion collective suscitée par la mort de Floyd ne parvint pas à transformer le meurtre de Mawda en affaire d'État. En date du 8 juillet 2020, faisant fi de ce contexte, la chambre du Conseil de Mons décida en effet de renvoyer le policier devant le tribunal correctionnel pour répondre d'un homicide involontaire[2].

Les médias belges jouèrent un rôle important dans cette « occasion manquée ». Au lieu de braquer leurs projecteurs sur l'affaire Mawda, ils choisirent de se focaliser sur un fait divers, le taggage d'une statue équestre du roi Léopold II. Ce geste déchaîna littéralement les passions, au point même de détrôner la polémique liée à la manifestation de soutien à Floyd dans les médias sociaux et traditionnels[3]. Il y eut d'un côté ceux qui dénoncèrent la présence dans l'espace public de tels monuments à la gloire du passé colonial belge et qui exigèrent le déboulonnement de toutes les statues du roi « génocidaire[4] ». Il y eut de l'autre côté ceux qui considéraient que ces statues faisaient partie du patrimoine historique belge et devaient donc être protégées, le passé ne pouvant pas être effacé.

On s'étonnera donc de ce qu'une histoire de statues ait pu cristalliser les passions politiques et détourner l'attention générale d'autres problématiques, infiniment plus concrètes, le sort d'une statue de pierre semblant plus émouvoir que celui d'une

---

1 *Ibid.*

2 RTBF, 08/07/2020, <https://www.rtbf.be/info/belgique/detail_affaire-mawda-le-policier-sera-juge-pour-homicide-involontaire?id=10538718>, consulté le 08/06/2021.

3 La Première ministre belge critiqua très sévèrement le bourgmestre (maire) de Bruxelles pour avoir autorisé cette manifestation.

4 Il faudrait plus précisément parler de roi « démocidaire » selon Wiltz Marc, *Il pleut des mains sur le Congo*, Paris, Magellan & Cie, 2015, car il n'y eut pas de volonté spécifique de faire disparaître une population ciblée mais un meurtre de masse au résultat analogue.

petite fille tuée. *Imaginairement, on pourrait voir là un effet de sidération propre au regard pétrificateur de Medusa.*

En Belgique, l'élan de colère solidaire pourtant bien réel suscité par le meurtre de Floyd ne déboucha donc sur *aucune (ré) action politique citoyenne d'envergure.* Opposé/complémentaire de la marche blanche de 2018, la manifestation de 2020 illustre l'ambivalence de l'*orgè* : la colère de la foule ne parvint pas à s'y canaliser en élan-Mawda. L'élan d'indignation fut rapidement détourné d'objectifs politiques (comme par exemple, une demande citoyenne de reddition des comptes à l'institution policière) pour se concentrer sur des cibles purement symboliques (les statues). Et il en fut de même dans d'autres pays au passé esclavagiste et colonial. Bien évidemment, je ne nie pas ici la réalité de l'action de terrain des associations qui militent et qui agissent depuis des années contre les violences policières et le racisme institutionnel sous toutes ses formes. Je ne nie pas non plus l'impact et le frein qu'a constitué l'événement brutal et mondial de la pandémie de Covid-19. Mais, puisque l'un des enjeux de ce livre est d'inviter à penser à partir de l'événement, je souhaiterais interroger cette focalisation de l'action citoyenne sur des *symboles.* Est-ce là un relais nécessaire, un moyen terme obligé pour parvenir à nous remobiliser dans l'action collective ? Ou bien l'acharnement sur le symbole est-il un exutoire, pour, précisément, ne *pas* s'engager dans la réalité ?

Les puissances d'altération du théâtre

Je voudrais maintenant explorer plus en détail la puissance propre à la choralité de s'adresser à l'humain en totalité en revenant à son lieu d'origine : le théâtre. En septembre 2021, le KVS, le théâtre flamand le plus important de Bruxelles, inaugurait sa saison par un spectacle intitulé *Mawda, ça veut dire tendresse*[1]. La metteure en scène Marie-Aurore d'Awans et la journaliste Pauline Beugnies, qui ont aussi coécrit le texte, ont voulu aborder le cas Mawda en commençant par raconter l'histoire des parents de Mawda, « Roméo et Juliette kurdes[2] » ayant fui leur pays pour pouvoir vivre leur amour. Elles ont aussi travaillé avec une équipe de chercheurs pour traiter avec précision tous les aspects de l'affaire Mawda. Grâce à la dramaturge Kristin Rogghe, j'ai pu assister à l'une des répétitions. J'ai été frappée par le fait qu'elles avaient senti que la choralité s'imposait dans ce contexte. D'une part, elles ont créé une démultiplication des voix en usant du multimédia. D'autre part, elles ont centré tout le spectacle sur les métamorphoses d'un véritable chœur, lui aussi multiforme et surtout, bilingue (français/néerlandais).

Le spectacle s'ouvre sur un long plan filmé d'un sublime paysage du Kurdistan irakien. Capté par l'image, le spectateur est transporté dans ce pays lointain où le conte et la réalité deviennent indiscernables : deux jeunes gens, encore des adolescents, s'aiment en secret. Une actrice chante une complainte langoureuse sur le devant de la scène, tandis que les lumières se tamisent et que clignotent au plafond les boules argentées des discothèques d'antan, superposant au conte des *1 001 Nuits* quelque chose du film *La Boum*. Mais ici, on est loin de la bluette pour adolescents occidentaux. L'amour des deux jeunes Kurdes est impossible, car la jeune fille a été promise à un autre par sa famille. Bravant tous les interdits, ils se marient en secret. Afin d'échapper à une vendetta d'honneur, il ne leur reste plus qu'à prendre la fuite.

1 KVS, *Agenda* 2021, <https://www.kvs.be/fr/agenda/609/Marie_Aurore_D_Awans_Pauline_Beugnies_KVS/Mawda_ca_veut_dire_tendresse>, consulté le 02/09/2021.

2 *Ibid.*

Lors de cette première scène, les acteurs qui ne jouent pas sont assis de manière visible, de part et d'autre du plateau, tels des spectateurs à l'intérieur de la fiction. Ils m'ont fait songer aux courtisans installés sur la scène lors des pièces de théâtre représentées à la Cour de Versailles sous Louis XIV. Par leur seule présence assise, ces courtisans créaient une sorte d'espace intermédiaire entre la fiction et la réalité, tel un chœur muet signalant indirectement que toute la vie à la Cour n'était qu'un vaste spectacle. Remis au goût du jour, le chœur muet nous renvoie à nous-mêmes, à la société du spectacle dans laquelle nous sommes immergés en permanence et qui nous transforme si souvent en spectateurs passifs, fascinés par des écrans qui déréalisent notre rapport au monde.

Puis, tous les acteurs et actrices se mélangent lors des scènes suivantes, qui racontent le drame du tir sur l'autoroute puis le procès. Chaque comédien et chaque comédienne alterne alors entre jouer un rôle spécifique et fusionner avec le chœur. Ce dernier assume souvent la fonction de narrateur : les comédiens et les comédiennes, dont certains sont francophones et d'autres néerlandophones, se passent la parole et alternent pour raconter dans les deux principales langues nationales tel ou tel aspect de l'affaire ou pour commenter la scène jouée au même moment.

Le chœur est parfois muet et s'exprime alors par le biais du langage corporel, comme lorsque tous miment la terreur des passagers de la camionnette, braqués, menottés et jetés à terre par les policiers, dans un silence pesant qui donne toute son ampleur à la violence de leurs mouvements. Une autre scène très marquante est celle où une actrice, face au public, susurre d'une voix douce « 1, 2, 3, Medusa ! » tandis que tous les autres, dans le fond de la scène, s'avancent, silencieusement. Lorsque l'actrice se retourne, tous ceux qu'elle regarde s'immobilisent, comme dans le jeu « 1, 2, 3, Soleil ! », puis ils s'effondrent, comme foudroyés ou blessés par une balle. Les références implicites au célèbre jeu enfantin ainsi qu'à sa réélaboration dans la série sud-coréenne *Squid Game* font froid dans le dos[1].

Parfois, les comédiens peuvent aussi tous parler en même temps, comme lorsque le chœur se mue en cohue des journalistes, caquetant à tort et à travers, dans une cacophonie inaudible dont ressortent pourtant les mots-clés de la mise en fiction par la presse de cette affaire : « enfant-bélier », « course-poursuite », « terroristes kurdes ».

Le *medium* filmique est très utilisé tout au long du spectacle, comme une sorte de voix *off* dont la fonction se module sans cesse. On passe ainsi des paysages visuels et sonores du Kurdistan à des gros plans d'interviews d'un acteur clé de l'affaire, le substitut du procureur du Roi du parquet de Mons. L'image peut aussi se faire poétique et vecteur d'une émotion intense, comme lorsqu'on voit soudain apparaître Mawda sur une vidéo familiale qui a capté ses premiers pas. Elle va et vient en babillant, tombe et se relève sans cesse. Mais l'image n'occupe qu'un très petit carré qui se détache sur un immense fond noir, et le spectateur ressent alors, intensément, la présence/absence de ce petit fantôme…

On notera un second effet d'interférence entre la fiction et la réalité aussi inattendu qu'efficace : la présence sur scène des deux fils de Maître Selma Benkhelifa, des enfants qui alternent de soir en soir en jouant leur propre rôle. La voix de chacun de ces petits garçons porte donc avec force le récit de certains éléments de l'affaire Mawda. Elle est aussi transformée en voix porteuse de vérité : comme dans le conte d'Andersen, où seul

1 On rappellera que des adultes y participent à une version du jeu « 1, 2, 3 Soleil » où on leur fait miroiter comme prix de la victoire des sommes mirobolantes mais où ils peuvent aussi perdre la vie. *Squid Game* signifie littéralement le jeu du Calamar. On voit le rapprochement possible tant avec l'image animale de la méduse qu'avec la figure mythologique monstrueuse.

l'enfant ose dire à voix haute que le roi est nu, le petit garçon prend à partie le comédien qui incarne Bart De Wever en lui disant ses quatre vérités.

Enfin, le spectacle se termine sur la mobilisation d'un dernier élément de réalité, particulièrement bouleversant : la voix de la mère de Mawda, qui surgit soudain alors que le plateau est plongé dans le noir total. La jeune femme s'exprime dans son dialecte natal, le sorani. Le sens de ses paroles est traduit en français et en flamand sur des écrans. Mais ce qui frappe, avant tout, c'est l'extraordinaire jeunesse de cette voix. On dirait presque celle d'une enfant. Et en même temps, elle est comme sans âge. La mère de Mawda dit qu'elle n'en veut pas aux Belges pour ce qui s'est passé. Ses dernières paroles sont des paroles de remerciement pour toutes les personnes qui les ont soutenus, elle et son mari…

Au final, le spectateur ressort de ce spectacle en ayant été informé de tous les tenants et aboutissants de l'affaire Mawda. Le sort des migrants a pour lui désormais un visage d'enfant et une voix de femme, il s'est incarné dans l'histoire particulière d'une famille. L'effet de fiction créé par la représentation théâtrale a révélé une fois de plus sa puissance de captation émotionnelle et réflexive. Ses dangers, aussi. Ainsi de ce jeune homme qui, au sortir de la pièce, commentait : « Cette histoire de la policière qui tire la mère par les cheveux, c'était quand même exagéré ! » Et oui, quand on mélange la narration et la réalité, difficile de faire admettre que le plus invraisemblable était bien vrai !

En dépit de toutes les qualités de cette pièce, l'insistance de départ sur l'histoire d'amour des parents de Mawda suscite une question intéressante : à basculer ainsi dans le registre du privé pour toucher les spectateurs, ne court-on pas le risque de *dépolitiser* leurs affects, et donc, dans une certaine mesure, leur perspective sur l'affaire[1] ? Le choix de montrer le caractère romantique de l'histoire des parents pour susciter de l'empathie envers l'enfant n'est-il pas décalé ? Car en réalité, c'est en elle-même que la mort de Mawda est révoltante, quelle qu'ait été son histoire ou celle de ses parents. Qui plus est, il faut le répéter, cet événement aurait dû être vu comme un problème par toutes et tous les Belges, sans même aucun élément empathique, parce que le droit n'y a pas été respecté.

La référence explicite à la pièce de Shakespeare accroît d'ailleurs la possibilité d'une critique politique. Rappelons que Juliette a treize ans. Le problème que Shakespeare expose n'est pas qu'elle ne puisse pas se marier avec son amoureux mais qu'elle ne puisse pas *choisir* celui qu'elle épousera. Le dramaturge anglais dénonçait donc les effets mortifères d'une certaine politique matrimoniale qui privait les femmes de la liberté de se marier avec la personne de leur choix et, de ce fait, ne leur permettait pas non plus de disposer de leur propre corps.

Mawda ça veut dire tendresse offre par ailleurs une importante piste de réflexion politique à explorer, que je synthétise dans la question suivante : comment la puissance chorale serait-elle capable de générer chez le spectateur l'élan d'un questionnement sur son propre rapport à l'identité nationale ? En effet, durant le spectacle, m'est venu à l'esprit le récit fait par le philosophe Jacques Rancière d'une expérience extrême qu'il avait qualifiée de « Désidentification » :

> Jacques Rancière :
> « Nous sommes les damnés de la terre » est le type de phrase qu'aucun damné de la terre ne prononcera jamais. Plus près de nous, la politique, pour ma génération, a reposé sur une identification impossible – une identification

1 Je remercie Lou Clemens d'avoir attiré mon attention sur ce point. Je lui dois aussi la mise en perspective critique avec la pièce de Shakespeare.

> aux corps des Algériens battus à mort et jetés dans la Seine par la police française, au nom du peuple français, en octobre 1961. Nous ne pouvions pas nous identifier à ces Algériens mais nous pouvions mettre en question notre identification avec le « peuple français » au nom duquel ils avaient été mis à mort. Nous pouvions donc agir comme sujets politiques dans l'intervalle ou la faille entre deux identités dont nous ne pouvions assumer aucune[1].

Oui, me suis-je demandé, les puissances du théâtre pourraient-elles aller jusqu'à mener certains spectateurs à se *désidentifier* de leur appartenance au Peuple-État belge responsable de ces crimes ? Pourraient-elles, dans le même élan, les conduire à *s'identifier* à ce peuple belge utopique représenté par le chœur *uni* grâce au récit *commun bilingue,* là où ces deux langues, trop souvent encore, séparent les francophones et les néerlandophones ? Peut-on espérer que les puissances chorales du théâtre donnent l'élan d'un processus de subjectivation politique, où la question du statut accordé à l'Étranger serait fédératrice d'une identité nouvelle, placée sous le signe de *l'altération volontaire et perpétuelle* ?

En français, le verbe *s'altérer* a une connotation éminemment péjorative : « Changer en mal. Falsifier, fausser. » Mais il faut revenir à l'étymologie latine : *alter* signifie tout simplement « autre ». *S'altérer*, signifie alors, en un seul verbe, l'action/passion en trois temps de *devenir soi-même autre en « se relationnant » à l'autre par intégration en soi d'une dynamique générée par l'autre.* C'est rien moins qu'une transformation radicale de notre manière de penser et de vivre nos identités

1 Rancière Jacques, *Aux bords du Politique*, Paris, Gallimard, Folio-Essais, (1998), 2004, p. 119-120.

qu'implique le fait d'oser franchir le pas de la Relation avec les migrants[1].

Dès lors, le théâtre peut retrouver le rôle citoyen qui fut le sien lors de son invention dans l'antique et démocratique Athènes : être un lieu d'éducation politique (*paideia*). Tout le contraire d'un lieu d'embrigadement idéologique. Un lieu qui ose confronter ses spectateurs à toutes les apories de l'institution de leur société, sans leur proposer de solution toute faite mais en les contraignant à tenter d'en inventer une, collectivement.

Du cas au paradigme : quand la fiction juridique permet d'assigner l'État en justice

En septembre 2021, j'avais rencontré pour la première fois Selma Benkhelifa au théâtre flamand du KVS à l'occasion d'un débat sur les violences policières. Nous étions alors à la veille du procès en appel du policier. Lors de ce débat, elle avait dit qu'elle plaidait depuis vingt ans et qu'elle n'aurait jamais imaginé à ses débuts le cas de figure auquel elle allait ici être confrontée : une demande d'acquittement pour un crime avéré. « On ne peut donc plus tenir pour acquis le principe selon lequel on ne peut pas tuer des gens ! » s'était-elle exclamée.

Lorsque je suis allée lui parler, elle m'a dit que ce qui lui donnait la force de continuer à se battre et à croire en la possibilité de changer les choses, c'était la démultiplication des initiatives citoyennes. Les manifestations de soutien à la famille Shawri, le comité « Justice et Vérité pour Mawda », la pièce de théâtre qui était jouée au même moment au KVS, le projet

1 Je me réfère ici à la notion de Relation telle qu'elle a été théorisée par Glissant Édouard, *Introduction à une poétique du divers*, Paris, Gallimard, 1996, p. 105 et 107. La Relation est une *dynamique*, au carrefour de différentes notions : celles de racine, de trace, d'ouverture et de relativité. La Relation dépasse donc la simple dialectique, elle *se nourrit*, littéralement, des contraires : d'images *et* d'abstractions.

d'un film documentaire, celui d'une bande dessinée, celui de mon livre… Autant d'occasions de rappeler, d'insister, d'analyser, de toucher, de mobiliser autour de « l'affaire Mawda » pour *espérer* que la société civile parvienne à faire de ce drame un événement charnière, comme une lame de fond qui oblige, enfin, les parlementaires à agir. Pour que de tels drames ne soient plus jamais possibles.

Dans la vie de cette histoire désormais collective et toujours en cours, le dernier rebondissement en date s'impose à notre attention. Il montre que l'usage politique des fictions sur le terrain juridique est décidément très polymorphe.

En novembre 2022, l'État belge a été assigné en justice par l'ONG « Défense des enfants international » devant le tribunal de première instance de Bruxelles, au motif de « l'intérêt collectif des enfants migrants pénétrant sur le territoire belge, le traversant ou y séjournant[1] ». Une telle requête a été rendue possible par une modification du Code judiciaire en 2018, suite à laquelle ces fictions juridiques que sont les personnes morales peuvent désormais aller en justice au nom de l'intérêt collectif.

Il va sans dire que cette modification très récente du code judiciaire s'appuie elle-même sur une transformation des mentalités et des mœurs. Le code judiciaire a désormais entériné la légitimité des revendications citoyennes. L'ONG « Défense des enfants international » s'est saisie de cet instrument légal pour en élargir encore la portée : en assignant en justice l'État belge, cette ONG, en tant que personne morale, a entériné le fait que « l'intérêt collectif » ne se limitait pas à celui des nationaux mais devait *de facto* s'étendre à tous les migrants qui traversaient notre pays.

---

1 RTBF, 29/11/2022, <https://www.rtbf.be/article/affaire-mawda-letat-belge-assigne-en-justice-jeudi-pour-avoir-commis-des-fautes-11113655>, consulté le 11/08/2023.

Outre le sort de Mawda et de sa famille, l'ONG a pointé « douze défaillances graves » de l'État belge qui ont valeur paradigmatique des violences perpétrées à l'égard des migrants et tout particulièrement des enfants. L'ONG évoque notamment l'arrestation et les conditions de détention des cinq autres mineurs qui étaient présents dans la camionnette, ensuite relâchés sans aucun accompagnement psychologique, ni même matériel.

On pouvait donc espérer que cette assignation en justice, portée par la multiplicité des actions citoyennes, soit en mesure de contraindre les représentants de l'État belge à une réelle transformation de leur *modus operandi*.

Le jugement a été rendu le 20 février 2023. La plupart des fautes pointées par l'ONG ont été rejetées au motif qu'un « dysfonctionnement structurel ne serait pas démontré ». Le tribunal a néanmoins retenu deux fautes. *Primo*, la non prise en compte de l'intérêt de l'enfant comme considération primordiale dans la conception des opérations Medusa. *Secundo*, le manque de formation suffisante des policiers en matière de droit de l'enfant et tout particulièrement de l'enfant migrant.

Au final, L'État belge a été condamné à verser un euro symbolique, mais aussi et surtout à intégrer dans la formation initiale et continue des policiers, une formation sur les conditions de l'usage de la force, ainsi que la prise en compte primordiale de l'intérêt supérieur de l'enfant en présence d'enfants migrants.

Demi-victoire ou demi-échec ? La justice belge a clairement fait le choix de ne pas ouvrir la boîte de Pandore de l'évaluation des violences racistes, discriminatoires et criminalisantes, structurelles aux institutions politiques et policières. Néanmoins, le poids symbolique des valeurs attachées au monde de l'enfance a pesé dans sa balance.

L'on est pourtant en droit de s'interroger sur l'efficacité réelle de ce jugement. Même si des mesures préventives valent mieux que rien, ajouter un module consacré aux droits de l'enfant à la formation des policiers contribuera-t-il réellement à une plus grande empathie envers les enfants migrants sur le terrain ? Et que pourrait signifier, concrètement, tenir compte de l'intérêt supérieur de l'enfant dans le cadre d'opérations policières dont la visée essentielle de traque aux migrants ne serait en rien modifiée ?

Épilogue

Alors que les visages terrifiés des enfants pris au piège à Gaza défilent sur nos écrans et que nous nous sommes habitués à croiser ceux des petits Ukrainiens dans nos rues, je suis enfin en mesure de formuler que la présente recherche, qui s'est étalée sur près de quatre ans, aura eu pour but principal de persister à *envisager* tous les « autres » migrants, celles et ceux que nos gouvernements considèrent comme « illégaux » et qu'ils continuent à traquer comme des « indésirables » avec notre consentement tacite, alors même que s'organise en parallèle la solidarité avec les réfugiés ukrainiens.

Selon le dictionnaire Littré, le verbe *envisager* veut d'abord dire « regarder une personne au visage[1] ». Puis, on en arrive au sens second de « tourner le regard vers ». En passant au sens figuré, cela donne « tourner le regard vers, se régler sur », « regarder face à face en esprit », et enfin « considérer »[2].

Au réfléchi, *s'envisager*, c'est « se regarder soi-même », au sens propre (dans un miroir) et au sens figuré (dans un examen de conscience). Et les deux dernières significations données sont « se regarder mutuellement » et « être considéré »[3].

1 *Le Nouveau Littré*, éd. augmentée, Paris, Garnier, 2004, p. 498.

2 *Ibid.*

3 *Ibid.*

Que retenir de ce premier tour d'horizon sémantique? Tout d'abord la continuité dynamique de la relation des corps et des esprits. Sans que l'un ne précède l'autre dans le temps et sans lien de causalité. Quand j'entre en Relation avec autrui, nous nous envisageons : nous nous regardons au visage et nous nous considérons simultanément, accédant à un autre registre de temporalité que celui du temps compressé où l'on ne voit rien et où l'on regarde encore moins autour de soi. Il ne s'agit pourtant pas de scruter le visage de l'autre, pas de le *dévisager*[1]. Mais de l'accueillir comme être humain. Quand nous nous envisageons, nous nous rencontrons en tant qu'êtres humains de chair et d'os, ici et maintenant, en stricte égalité. Cette affirmation pourrait paraître à certains une évidence, voire le développement d'une tautologie. Or rien ne l'est moins.

La virtualisation de la plupart de nos échanges a contaminé ces derniers. Nous avons désappris à envisager les autres comme nos semblables : des êtres humains différents de nous, mais qui nous ressemblent, quand on les regarde au visage, en face-à-face. L'expérience mondiale du confinement a accentué ce problème. En ne nous voyant plus qu'en images, nous nous sommes peu à peu habitués à ne plus nous voir que *comme* des images.

Alors, pour nous donner bonne conscience, nous avons investi la face supposée morale de cette désincarnation et de cette abstraction progressives de nos interrelations. Celle dont la version politique brandit sans cesse les droits de l'homme

---

1 On soulignera que, assez étrangement, « dévisager » est parfois donné pour synonyme d'« envisager ». Or le *Littré* définit le verbe « dévisager » comme le fait de « déchirer le visage avec les ongles ou les griffes » et poursuit : « *Popul.* Dévisager quelqu'un, faire effort pour reconnaître les traits de quelqu'un ». Et au réfléchi : « Se dévisager, v.r. se déchirer le visage l'un à l'autre. *Popul.* Chercher à se reconnaître l'un l'autre » (*Littré*, p. 403-404). Dans « se dévisager » se joue donc une autre forme de reconnaissance, celle qui passe par la lutte à mort des consciences, dans un horizon de sens hégélien. Ce n'est pas à ce processus auquel il est ici fait référence.

en guise d'amulette fétiche. Celle où nous nous considérons comme des *personnes*. Mais la philosophe Simone Weil, dès les années 1940, avait montré les limites et les dangers d'une telle perspective :

> Il y a dans chaque homme quelque chose de sacré. Mais ce n'est pas sa personne. Ce n'est pas non plus la personne humaine. C'est lui, cet homme, tout simplement [...]. Lui tout entier. Les bras, les yeux, les pensées, tout. Je ne porterais atteinte à rien de tout cela sans des scrupules infinis[1].

La personne est une *abstraction*, ce dont l'étymologie porte la trace, puisque *persona*, en latin, désigne d'abord le masque de théâtre et par extension la « personne » en droit romain. Le *sacré* dans l'homme renvoie au contraire à sa présence la plus concrète et incarnée. Dès lors le sacré renvoie à ce face-à-face qui fait que, *en envisageant* autrui, j'aurais des scrupules infinis à faire du mal à cet homme ou à cette femme de chair et d'os, là, en face de moi, et qui me regarde[2].

L'ensemble de ces réflexions doivent elles-mêmes s'envisager sous un jour éthico-politique et non pas seulement éthique[3].

---

1 Weil Simone, *La personne et le sacré*, Paris, Payot et Rivage, (1943), 2017, p. 26. Je remercie l'une de mes étudiantes, Juliette Van Ypersele, d'avoir attiré mon attention sur l'importance de ces réflexions pour la critique des droits de l'homme. Voir Van Ypersele Juliette, *Métaphysique et politique chez Simone Weil*, travail de fin de cycle du baccalauréat en philosophie, USL-B, 2021, p. 32-35.

2 Soulignons l'ironie de Weil, lorsqu'elle poursuit : « Si la personne humaine était en lui ce qu'il y a de plus sacré pour moi, je pourrais facilement lui crever les yeux. Une fois aveugle, il sera une personne humaine exactement autant qu'avant. Je n'aurai pas du tout touché à la personne humaine en lui. Je n'aurai détruit que ses yeux » (*La personne et le sacré,* p. 26).

3 D'une certaine manière, Levinas semble faire écho à Weil, lorsqu'il écrit que « le visage est ce qui nous interdit de tuer » (Levinas Emmanuel, *Éthique et infini*, Paris, Le livre de poche, (1982), 1992, p. 80). Indéniablement, le visage d'autrui nous confronte aussi à une certaine expérience du sacré pour Levinas, qui fait de l'apparition du visage le substitut désacralisé de la Voix de Dieu (*Ibid.*, p. 83).

Le caractère abstrait et désincarné de la personne et dès lors, l'inévitable inefficacité pratique de toutes celles et ceux qui se réfèrent à elle et à ses droits, les fameux droits de l'homme, pour lutter contre les injustices, va en effet de pair avec le caractère abstrait et désincarné de l'État. Il faut lui opposer la célèbre formule de l'historien grec Thucydide : « La cité, c'est les hommes (*andres gar polis*)[1]. » Prenons la mesure de cette affirmation. Pour Thucydide, d'une certaine manière, « Athènes » n'existe pas. Ce n'est qu'un territoire. Pas une cité. Ce qui existe, c'est la cité *des Athéniens*, c'est-à-dire la communauté pensante, délibérante, jugeante et agissante de tous les citoyens qui sont et font la cité au jour le jour, en faisant ensemble de la politique.

Au terme du parcours, la visée *d'envisager tous les migrants*, quelles qu'aient été les raisons de leur arrivée chez nous, doit donc s'entendre en référence à cette compréhension indissociablement charnelle, spirituelle, épistémique, éthique et politique de l'expérience complexe désignée par le verbe « envisager ». Envisager la question migratoire c'est, indissociablement, regarder les personnes migrantes au visage, regarder en face les questions qu'elles nous posent, régler notre réflexion sur elles et les considérer. Ou, pour le dire d'une autre manière : envisager la question migratoire suppose de commencer par entrer en résistance contre les effets d'anonymisation et, plus

---

Pourtant, c'est, au contraire de Weil, en *désincarnant* le visage, qu'il peut l'affirmer : « Je me demande si l'on peut parler d'un regard tourné vers le visage, car le regard est connaissance, perception. Je pense plutôt que l'accès au visage est d'emblée éthique. C'est lorsque vous voyez un nez, des yeux, un front, un menton, et que vous pouvez les décrire, que vous vous tournez vers autrui comme vers un objet. La meilleure manière de rencontrer autrui, c'est de ne pas même remarquer la couleur de ses yeux ! » (*Ibid.*, p. 79). S'il n'est évidemment pas question de scruter ou d'analyser le visage d'autrui lorsqu'on l'*envisage*, il me semble dangereux de lier la perception concrète du corps à une nécessaire objectivation, comme le fait Levinas. Non seulement, la visée éthique qu'il revendique me semble ainsi compromise, mais, dans un tel référentiel de pensée, il ne peut plus être question d'accorder une portée politique à l'apparition du visage d'autrui.

1 Thucydide, *La Guerre du Péloponnèse*, VII, 77, 7.

grave encore, de déshumanisation, induits par l'usage courant du langage. Je pense notamment à la métaphore des « flux migratoires », dont ont usé et abusé les médias en tous genres. Car celui qui prend ces « flux » au pied de lettre ne peut que se sentir « envahi » par l'informe chaos qui se déverse ainsi en permanence sur lui, en confondant les informations proliférantes avec les humains en détresse.

Dans *Frères migrants*, l'écrivain Patrick Chamoiseau combat la métaphore par la métaphore, en élevant le sordide à hauteur du sublime :

> Les flux ont la vitalité d'un commencement biblique, ils enflent sans s'être amorcés, ils recommencent sans avoir ralenti et avant même d'avoir pu s'arrêter[1].

Puis, dans un chapitre significativement intitulé « La mort visible », Chamoiseau *envisage* les migrants, non pas singulièrement, mais globalement, à la fois *hic et nunc* et sempiternellement, grâce à la poésie, dans le sillage implicite d'Homère :

> La multitude, je ne saurais la nommer ni la dire,
> Même si j'avais, pour le faire, dix bouches, dix langues,
> Une voix infrangible et le cœur forgé dans le bronze,
> Si les filles de Zeus porte-égide, olympiennes, les Muses,
> Ne me rappellent tous ceux qui vinrent aux rives troyennes[2].

---

1 Chamoiseau Patrick, *Frères migrants*, Paris, Seuil, 2017, p. 15.

2 Homère, *Iliade*, II, v. 487-492, Paris, Seuil, 2010, p. 70. Certes, le poète justifie ainsi le fait de ne livrer par la suite que le catalogue des noms des chefs de guerre. Mais il me semble qu'il rend néanmoins un hommage fort et collectif à tous ces soldats anonymes partis à Troie, à défaut de parvenir à honorer leur mémoire en les nommant individuellement. Il y a chez Chamoiseau une tentative analogue d'honorer la mémoire des milliers de morts en Méditerranée dont beaucoup resteront pour nous à jamais anonymes.

Mais quittons l'invisible et demeurons sur ce que vous voyez, en cet instant crépusculaire comme depuis des années, comme d'année en année, pour des années encore, des gens, des milliers de personnes, pas des méduses ou des grappes d'algues jaunes mais des gens, petites grandes vieilles toutes qualités de personnes, qui dépérissent et qui périssent, et longtemps vont mourir dans des garrots de frontières, en bordure des nations, des villes et des États de droit[1]…

Moi, je garde vivant le souvenir du visage de Nene Oumou, dont je n'ai pu que dessiner la silhouette pour la partager avec vous. Nene Oumou dont je ne sais rien de l'odyssée qui l'a fait migrer d'Afrique à Bruxelles – je peux seulement l'imaginer. Nene Oumou dont le visage sera pour vous lié au cri du corps en souffrance. Mais je peux vous inviter à faire l'expérience de pensée d'*envisager* Mawda.

Tapez son nom sur internet et son visage vous apparaîtra en images, photographies et dessins. Que verrez-vous en le regardant en face ? Une fillette gravement rieuse, qui masque son sourire d'un geste de sa petite main. Un geste qui disait : *Oups !* ou *Chut !* interprétera peut-être un autre enfant à vos côtés. Mais moi, j'y ai vu le geste sacré des Mystères d'Éleusis. Le geste de l'invitation au silence, après la révélation ultime faite à l'initié. Ce geste, nous le connaissons par sa paradoxale fixation dans le marbre et le bronze. C'est lui, je crois, qu'esquisse la Dame de Kalymnos, statue hellénistique miraculeusement retrouvée dans la mer Méditerranée, aux alentours de

1 Chamoiseau Patrick, *op. cit.*, p. 21. On voit donc que Chamoiseau ne partage pas les réserves de Weil quant à la notion de personne. Il me semble même qu'il renonce à ses implications tant juridiques que politiques, lorsqu'il choisit ce terme pour qualifier la polyphonie d'une intériorité retrouvée, en ces temps de surexposition médiatique et d'éclipse du sujet méditant.

l'île d'où est originaire la famille de mon père. Presqu'intacte – mais sans yeux. Personne ne les lui a crevés, mais la savante combinaison de pâtes de verre colorées destinée à rendre de la façon la plus réaliste possible son regard n'a pas résisté à l'usure du temps ni à l'eau salée.

La Méditerranée abrite en son sein et à égalité ce qu'Aristote avait nommé des « êtres humains par homonymie » : des statues et des cadavres, dont elle expulse périodiquement quelques spécimens…

Ensuite, vous confronterez ces deux images renvoyant au sacré, celle de Mawda et celle de la Dame de Kalymnos, aux représentations de la figure grimaçante de Medusa. Peut-être, alors, ressentirez-vous quelque chose comme un léger affaissement intérieur. Peut-être aussi une sensation de froid. La trace d'un abyme. Non pas la révélation du cycle de la Vie, mais la sidération de la confrontation au figé de la Mort. Bien sûr, tout ceci n'aura été qu'une expérience de pensée. Une simulation imaginaire. Car jamais plus, ni vous ni moi, nous ne pourrons *envisager* la petite Mawda, avec la tendresse et la considération que mérite tout enfant. Car jamais plus, la petite Mawda ne pourra se tenir devant nous, en chair et en os. Mais le geste sacré apparu à travers ces images, il nous est possible de le rendre vivant, en le revêtant d'une double signification.

Gardons-nous, cependant de transformer la petite Mawda en icône. Parce que sa vie était aussi singulièrement précieuse que celle de tout être humain, la petite Mawda, comme le petit Hans Cohn évoqué par Hannah Arendt[1]*, aurait dû rester pour nous une enfant anonyme. Une enfant*

---

1 Arendt Hannah, *Eichmann à Jérusalem*, Paris, Quarto Gallimard, (1963), 2002, p. 1147.

comme les autres, dont le sourire joyeux aurait, l'espace d'un instant seulement, illuminé le visage de l'adulte inconnu croisé par hasard dans la rue. Mais parce que les Nazis ont tué le petit Hans Cohn et parce que la police belge a tué la petite Mawda Shawri, notre mémoire collective se doit de conserver le souvenir de leurs noms, à égalité avec celui des « hommes éminents et célèbres[1] ».

Le geste sacré nous impose de nous taire face à la tombe de Mawda. Car en ce lieu, n'est possible qu'un silence recueilli. Mais le geste sacré nous montre *aussi*, à nous qui sommes vivants pour quelque temps encore, que dans cet autre type de lieu qu'est l'espace public, le respect dû aux morts impose au contraire de parler. Si la voix de Mawda s'est tue à jamais, nous devons quant à nous trouver les mots, confronter les discours contradictoires, inventer de nouvelles formes de langage pour chercher à dire la vérité au sujet de la mort de cette enfant et juger celles et ceux qui en sont responsables. Pour rendre justice à sa mémoire, en contribuant à élucider et à transformer autant que faire se peut les circonstances sociales et politiques de la réalité et de l'imaginaire qui ont rendu sa mort possible. Pour parvenir à entrer en Relation avec d'autres humains migrants, que nous ne connaissons pas encore, en ne craignant pas de les regarder en face. Parce que nous n'aurions plus de raison d'avoir honte de nous-mêmes ni des politiques de nos gouvernements à leur égard. Parce que nous aurions commencé à les envisager, à avoir pour eux des égards, en les considérant comme nos semblables et nos égaux.

Est-il encore possible de chercher à réinventer, aujourd'hui, une cité qui soit les hommes, les femmes, les enfants, humains

1 *Ibid.*

autochtones et migrants de tous horizons aux racines-rhizomes entremêlées, pensant, imaginant, délibérant et agissant ensemble en vue du Bien commun ?
Interminablement, nous devons travailler à réveiller « notre faculté à être sollicités par une expérience[1] » *afin de répondre en actes de cette question.*

1 Arendt Hannah, *Le Totalitarisme, op. cit.*, p. 615.

Coda

En ces premiers jours du printemps, je pense beaucoup à ma grand-mère maternelle, à son enfance volée de petite fille née en Ukraine, contrainte de fuir son pays avec toute sa famille suite à la révolution bolchevique. Ils émigrèrent d'abord clandestinement en Pologne, puis arrivèrent en Belgique dans les années 1920. Là, trois de ses plus jeunes frères et sœurs puis ses parents décédèrent du typhus. La maladie de la misère.

Ma grand-mère se prénommait Alla. Un drôle de prénom qui ne sonnait pas « russe » et qui me troublait beaucoup : comment pouvait-elle avoir le même nom que le Dieu des musulmans? Ce n'est que lorsque j'ai appris à lire et à écrire que le mystère s'est dissipé.

Alors, je me prends à espérer de toutes mes forces que l'élan-Mawda parviendra à se concrétiser dans une politique d'accueil désintéressée et non discriminatoire. Je veux croire qu'un jour, les pays de l'UE se comporteront enfin de manière digne et, pour tout dire, simplement humaine envers tous les migrants. Quelle que soit leur religion. Quelle que soit leur culture. Quelle que soit la couleur de leur peau.

Il paraît que c'est un rêve. Une utopie idéaliste, complètement irréaliste. Mais celles et ceux qui ont décrété cela, n'ont pas encore compris que ce sont eux les « endormis », pris au piège du rêve néolibéral. Ce sont eux qui, formatés par l'idéologie de TINA[1], *sont en train de se fracasser contre le mur de la réalité. Quant à nous toutes et tous, chaque jour plus nombreux, surpris par l'irruption de ce réel que nous n'attendions pas, notre devoir est d'entrer en lutte pour un monde réellement commun, selon nos moyens, à notre mesure, depuis le lieu où nous vivons.*

> « Le sens d'une action n'est révélé que lorsque l'agir lui-même a pris fin, et est devenu histoire racontable. Dans la mesure ou quelque "maîtrise" du passé est possible, elle consiste dans la relation de ce qui est arrivé. Mais une telle relation, qui fait l'histoire, ne résout aucun problème et ne soulage aucune souffrance ; elle ne maîtrise rien de façon définitive. Plutôt, tant que le sens de ce qui advient demeure vivant […] il incite à une narration toujours renouvelée. »
>
> Hannah Arendt, *Vies politiques*

1 Acronyme de « There is no alternative », slogan inventé par Margaret Thatcher dans les années 1980 pour signifier qu'il n'y avait pas d'alternative à la mondialisation néolibérale.

Remerciements

Je remercie Jean-Luc Veyssy pour sa confiance et pour son engagement, ainsi que Manuel Cervera-Marzal pour son accueil enthousiaste et son patient accompagnement.

Je dois à Emanuele Profumi et à Raffaella Petrilli l'occasion d'avoir pu présenter pour la première fois mes recherches au sujet de l'affaire Mawda lors d'une journée d'études qu'ils avaient organisée le 29 mars 2019 à l'Universita della Tuscia. L'article paru dans leur collectif a constitué une première étape dans ma réflexion sur l'affaire Mawda :

« Il "caso Mawda" in Belgio. Un caso per riflettere sulle strategie del discorso che legittimano la criminalizzazione dei migranti e su quelle che tentano di opporvisi » in *Hate Speech. L'odio nel discorso pubblico. Politica, media, società*, a cura di Petrilli Raffaella, Rome, Round Robin Editrice, 2020, p. 59-75.

Je tiens ici à saluer les collègues avec lesquels nous avons organisé la rencontre sur l'affaire Mawda à l'USL-B en 2019 : Yves Cartuyvels, Martin Deleixhe, Diletta Tatti, Youri-Lou Vertongen, Benedikte Zitouni, ainsi que le collectif inter-universitaire *Carta Academica*, grâce auquel j'ai pu l'évoquer à l'antenne de la RTBF.

Ce livre doit beaucoup aux relectures aussi critiques que bienveillantes de Lou Clemens, Alexis Deswaef, Sami El-Hage,

Vincent Engel, Olivier Fressard, Sakellarios Klimis, Nina Mélia, Frank Pierobon, Skevos Tsangaris et Spyros Theodorou. Enfin, je remercie Barbara Cassin de m'avoir encouragée à remettre l'ouvrage sur le métier en osant « ne m'autoriser que de moi-même » (Lacan).

Table des matières

Composition : Le Bord de L'eau éditions

Cet ouvrage a été achevé d'imprimer en février 2024
pour le compte des éditions Le Bord de L'eau
par Imprimerie Laballery (58500 Clamecy).

Dépôt légal : mars 2024 - N° d'impression 402298

Imprimé en France